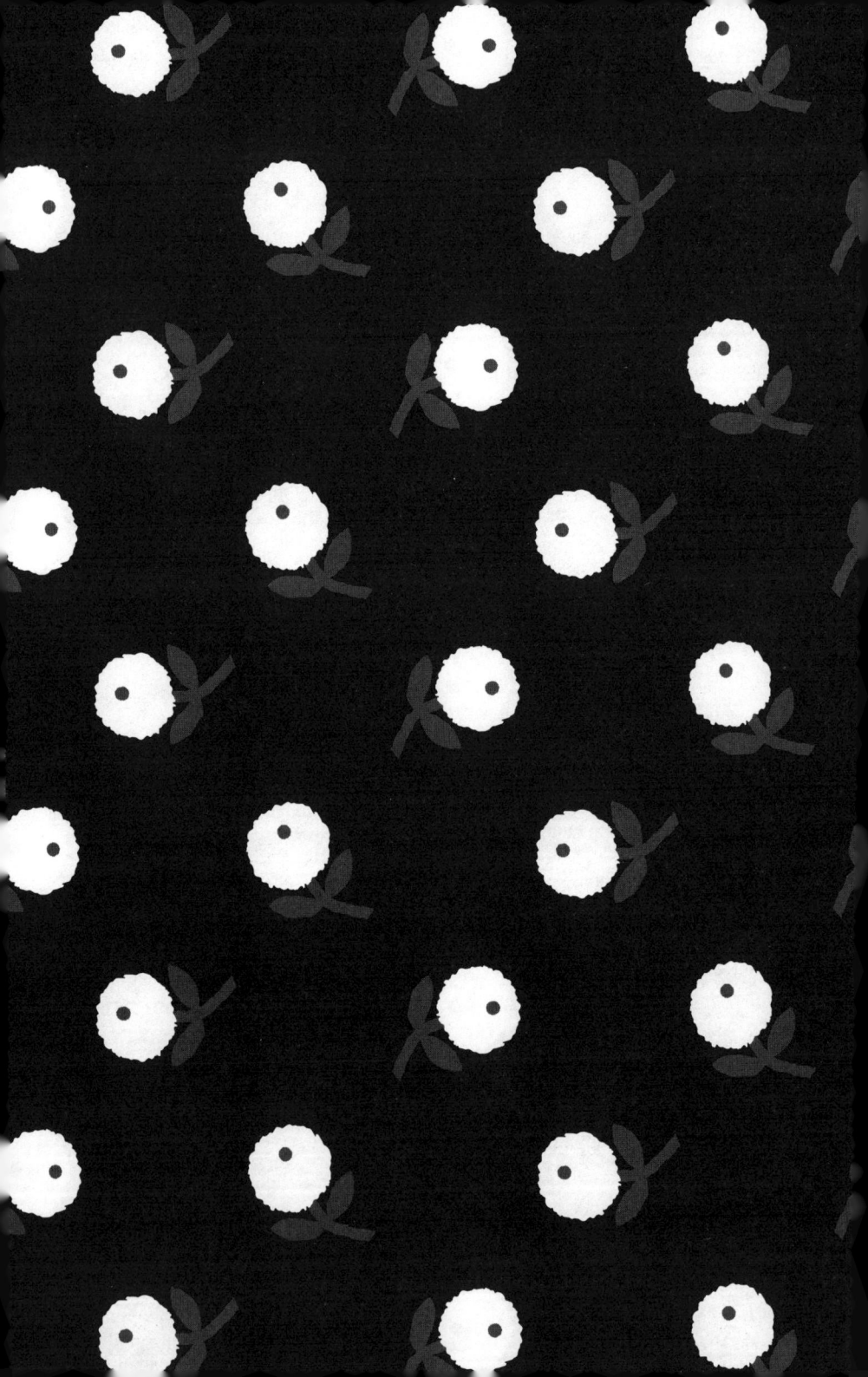

找回我自己

［加］萨拉·库布里克_著

吴晓初_译

云南人民出版社

果麦文化 出品

这就是我，此时此刻，这就是我想要的样子。

作者的话

　　故事是由经历着它们的人活生生地讲述的。因此，我无比感激所有愿意与我分享他们故事的人，感谢他们为我提供一窥他们存在的宝贵机会。

　　本书的灵感来源于我的理论知识和临床实践，同时也来自我的亲身经历以及与熟人、同事间的谈话。每位来访者、朋友和研究参与者都已匿名，他们的身份特征也已更改。为了保护隐私并履行保密原则，我对回忆中的谈话内容进行了改动。此外，我偶尔会对自己的履历略作调整，以此在保证自身生活经历完整性的同时保护个人隐私和安全。

目录

前言：当我弄丢了我自己

"你快乐吗？"

这个问题让我有些猝不及防，因为我本能的想法：不，一点都不，我只是在忍受自己还活着这个事实罢了。

意识到这一点，我惊呆了。

我今年二十四岁，周末在洛杉矶旅行，和大学毕业后就没怎么见过面的好友一起喝酒。谈话内容原本很轻松，我们聊起在学校无忧无虑的时光，回忆让人又哭又笑。直到他问了我一个看似有些突兀的问题：

"你快乐吗？"

虽然没有大声说出来，但这是我第一次允许自己承认一个事实：我不快乐极了。

为什么是现在呢？在这个真相与原始情绪的交会处——多年后，我将在自己的来访者身上再次见证这个时刻，这个他们猝不及防地意识到自己已失去与生活中某个层面的真实联结的时刻——我的眼泪开始从脸上滚落。朋友茫然地看着我。

我坐在那儿，感到身体偷袭并背叛了我。我的胸口开始起伏，肺部在啜泣间隙竭力地搜寻着空气。我没说话，陷入杂乱无章的思绪中。

我非常、极其的不快乐，我不再知道自己是谁，也不记得最后一次知道自己是谁是什么时候。我感到支离破碎，却不记得自己是怎么走到这一步的。

我跟朋友说需要去趟洗手间，然后跌跌撞撞地走到洗手池前，双手攥着水池的边缘才勉强站稳。我想要大声尖叫，但硬是忍住了。我朝脸和脖子上弹了些凉水，寄望这样能将自己拽回一个不那么痛苦的现实。

朝镜子看去，迎面而来的是一双凹陷而陌生的眼睛，它们是那样空洞。我抬起手臂，抚拭脸颊，镜中的陌生人也照着做。那个抚摸面颊的女人是我，然而在她身上我丝毫感受不到自己的存在，我感到我与正在对望的这个人没有一丝一毫的干系。这就是别人眼中的我吗？

我头晕目眩，毫无缘由地感到不知所措。

随即我意识到：我恨镜子里的女人。她不停伤害我，让我感到困惑和不知所措。

去他妈的吧！我在受苦，而她就这么眼睁睁地看着我过着自己都不确定值不值得过的生活。

所以，不快乐……

"我不快乐。"终于，在空荡荡的洗手间里，我大声说出了这句话。话出口时，没有听众。

———

第二天一早，我去赶飞机。和妹妹的洛杉矶闺蜜之行就此结束，我们准备一起返回在温哥华的家。虽然前一晚在酒吧没有再掉链子，然而此刻我能明显感到自己对回归现实生活的巨大恐惧。收拾行李时，每放一件衣物进行李箱，我都感到更加沉重。我开始怀疑自己"安置"在生活中的所有人、事物和角色其实都不适合我。接着，我又开始责备自己，觉得自己不懂感恩，甚至为自己的不满感到愧疚。九岁时，我已是波斯尼亚战争和科索沃战争的幸存者，现在能健康地在加拿大生活是多么巨大而美妙的运气。我拥有食物、居所和清爽的海洋空气。一切都好极了！

毫无疑问，这种强迫的乐观积极让我感觉更糟糕了。

说实话，我的生活很难让人心存感激。我住在一间阴暗、破旧的地下室单间里，即便如此，我和丈夫也只是勉强能够负担房租。我的面包车每踩一脚刹车都会发出令人尴尬的噪声。读研究生前的那个夏天，刚满二十二岁的我结婚了。在我成长的那个保守的基督教社区里，没人对我在大脑皮层完全成熟前就做出的这个重大决定提出任何异议。为什么没人阻止我呢？我不明白。如今回到家，我就要面对自己不爱的丈夫。幸运的是，大部分时间我都在上课，攻读咨询心理学硕士课程。然而，这座庇护所也令人疲惫至极，充满了激烈的竞争。每项作业都在明晃晃地揭开我的缺陷和过去的创伤。除了学业上的要求，我还得在应对自身伤痛的同时，在咨询中了解并疏导他人情绪上的痛苦。我时常幻想自己过着截然不同的生活，沉溺在无穷无尽的可能性里，以此作为应付现实的手段。最近，我发现自己的感官变得迟钝，这让我几乎感到脱离了自己的存在。

我感到自己被裹挟着，变成某个不是自己的人，过着自己不想要的生活。人们认为我的生活愉悦、甜蜜，甚至有些浪漫，而我的任务则变成了维持伪装，装作婚姻完美、体态窈窕、学业有成。然而，无论如何努力，我都觉得自己在不断令自己和周围的人失望。

我已经喘不过气了。

我被要求扮演很多角色——妻子、学生、咨询师、朋友、女儿、手足。然而从没有人请我成为我自己，以全然真实的面貌出现。当然这也不是别人的问题，因为甚至连我都不知道真正的自己是谁，也没有澄清自身想法或是解读自身情绪的空间。这也许只是个借口，因为我暗暗怀疑假使这样去做，一切就都完了。我感到被困住了，害怕自己或大或小的所有决定都已经为自己的人生判下了无期徒刑，而这种人生并非我想要的。内心深处，我知道逃脱的唯一方法就是打破熟悉生活的桎梏。可是万一在这个过程中，被打垮的人是我呢？万一我在挣脱牢笼前就失败了呢？

————

在去机场的出租车上，我直冒冷汗，用指尖使劲抠手心才能让自己不要吐出来。我浑身上下没有一处是对劲的，思绪上下翻

4

腾，甚至无法跟妹妹进行简单的交谈。到机场时，我已经有点神志不清。拥挤的人群、快餐和咖啡混杂在一块儿的气味，加上排队登机时身体的坠重感——一切都让我难以承受。

不适感越剧烈，我就越试图去无视它。人类为什么宁愿忍受痛苦，也不愿意面对现实呢？直到我们坐上飞机，安全带的指示灯显示即将起飞，我都还在自欺欺人。然而，系上安全带的那一刹那，我的视线变得模糊，呼吸急促，皮肤紧绷。绝望中，我想要扒开一条生路，挣脱这个座位、这个身体、这个人生。

飞机铁皮罐头般的外墙向我逼近，空气黏稠而凝滞，汗顺着脖颈和胸口朝下淌。我解开安全带，站起身来，竭力朝机身前方走去。其他乘客疑惑地盯着我，空乘一再要求我坐下。

"我得下飞机。我现在就得下飞机！"我尖叫着。出事了。没什么能阻止我。

我甚至不记得自己是怎么下的飞机，突然间我便站到了空荡荡的登机口，惊慌失措地看着同行的妹妹。

我的双腿发麻，上半身紧接着抽搐起来。我的双臂合拢，双手朝胸前缩拢，手腕扭曲，手指蜷缩。我被困在自己的身体里了。妹妹急忙跑去寻找医疗援助。天哪！看着她消失在远方，我害怕极了。几分钟后（感觉漫长如几个小时），她回来了。就在这个节骨眼上，我失去了说话的能力，下巴和嘴唇无法动弹，想说出的话语全都成了呜咽。

就在那一刻，和症状一同汹涌袭来的是一种心智上的澄明，我突然回过了神。

想来有趣，当我们确信自己正面对死亡时，竟可以变得如此决绝。那个当下，我意识到自己愿意付出一切去保护自己，因为没有什么值得我遭受这种痛苦。倘若自己还没有真正活过就死了，可怎么办呢？我在心里这么想着。

正面审视自己、对生活做出改变不再只是一种设想，而是迫切的需求。我愿意改变、抛弃或粉碎任何东西。有个想法压倒了一切：我要为自己而存在，不要在属于自己的生活中做一个被动的旁观者。

几分钟后，医护人员赶到了。我并非真的濒死，而是经历了第一次惊恐发作。医护人员给了我一片药，让我呼吸。他们很镇定，那种平静让我很迷惑：我可是刚跟死亡擦肩而过啊！然而如他们所言，几分钟后我的语言能力恢复了，手也不再蜷缩，我能站起来了。

如今，我明白自己之所以会惊恐发作，是因为意识到自身的巨大迷失——我被一种不适合自己的生活所吞没，并因此苦苦挣扎。这个事件本身并未改变我的生活。然而，它迫使我意识到，除非主动做出调整，否则生活将不会有任何改变。对生活负责的关键在于认识到自己才是问题所在，这意味着向内观看，并接受这样一个事实：我的选择造就了我的现实，需要采取必要行动改变现状的人是我自己。

就这样，在机场惊恐发作之后的几个月里，我开始有意识地为变成自己想要成为的人创造成长和发展的空间。我不再控制或限制自己（或是允许别人这样做），而是学着允许自己如我所是。

通过这种方式，我开始感到前所未有地被看见、被认识、被理解。不是为别人，而是为自己。我开始了解我是谁，最终，我学会了以忠于自我的方式生活。

具体来说，我结束了婚姻，暂停了学业，停止了一段时间的咨询服务。我远离了并不真挚的朋友，开始建立界限，并因此戏剧性地失去或重构了许多曾引起我焦虑和生存危机的关系。我开始细心倾听身体的声音，承认自己一直以来都被困在期望的牢笼中。我收拾行李，确认了银行账户上还有八百美金，询问朋友能不能在他们家的沙发上睡几天，然后搭上了前往塞尔维亚故乡小镇的航班（我不知道要在那里做什么，又何时返回）。在那里，我记日记，允许自己哭泣。我开始面对饱经战争的过去所造成的创伤。我只在真正想做爱时和人发生身体关系。我以尊重自己身体的方式运动和饮食。我为从前不曾拥有与自我的联结而感到哀伤。我倾听并质询自己要说的话。我休息。我试着将这一切作为一种塑造生活的实践，一种持续不断的努力。

最为重要的是，我为自己的存在负起了责任。

返校后我取得了咨询心理学的硕士学位，并继续攻读心理治疗科学的博士课程。我成了一名存在主义心理咨询师，帮助来访者探索身份认同、人际关系、心理创伤，以及关于存在的问题。我开始向感到空虚、疏离、挫败或者只是对生活或自身存在方式感到不快乐的来访者提供服务。

在咨询中，我开始注意到这些案例中的一个共同特征：自我迷失。

自我迷失是人类诸多痛苦的核心所在。虽然我们能够凭直觉感受到"自我迷失"这个词语的意思，然而可能不知道它的准确定义。自我迷失是我们对于成为自我的失职。虽然这不是个会在《精神障碍诊断与统计手册》或是大多数咨询室里碰到的概念，但无论是在小说、艺术、音乐或是许多人的生活中，都可一窥这种经验。

　　由于过去的亲身经历，我很容易在他人身上辨识出自我迷失的痕迹——见证自己的过去如何在来访者和研究对象的叙述中屡屡回响是种多么奇妙的经历。而这也是我写作本书的原因：通过探索自我迷失的概念，试着帮你回答以下两个最为艰巨的问题：我是谁？我是怎么走到今天这一步的？

　　我不会也无法提供确切的答案，我能做的只是向你展示如何在这些问题中生活。生活纷繁复杂，我们需要抛弃"生而为人是件简单而直接的事"的念头，停止假装所有问题都有明确的答案，或者误以为我们都在奔赴同一个快乐或成功的终点。那是不可能的，没有那样的终点。但是你将发现，过一种不断提问的生活，并在过程中为自己的生活和属于我们个人的答案负责，将是多么自由而充满意义。

　　我们许多人的痛苦都来自抗拒承认自己是谁，否定自己的需求。这表现为不愿接受存在的无常，拒斥生命展开的未知方式。虽然惊恐发作令人痛苦，然而，正是那个特殊的时刻驱使我踏上了一条深刻而激动人心的真我探寻之路。如今，回望过去，我心怀感激（这并不是说应该无差别地感激人生中的痛苦经历）。如果那一切没有发生，也许我仍在徘徊，困惑于自己是谁，为何过着眼下的生活。更糟糕的是，我可能永远都在忍受自己还活着的事实。

终于，我感到久违的自由，自由地表达自己，品尝美酒，呼吸窗外大海的气息。生活中，我被真挚支持我的人围绕着。我的角色与我的为人相符，一切都来自共鸣而非义务。不懈地接受成为自我的试炼，做让自己骄傲的选择。当我望向镜子时，我认得出镜中的那个自己，并为她感到骄傲。

现在，我邀请你同我一道踏上这段精彩、美妙而有价值的存在之旅。在每个瞬间，始终如一地忠于你是谁，对真正给予你意义的人、地方和事物说"是"，对直面、接受并全然拥有美好的人生说"是"。最重要的是，对真实的自己说"是"。

第一部分　自我意识的觉醒

勇于冒险或许会一时失足，却步不前势必迷失自我。

——索伦·克尔凯郭尔

Chapter 1　我迷失了吗？

为了让来访者理解什么是自我迷失，我通常会跟他们做这样一个意象训练：

想象你正独自一人，坐在房间中央一把破旧的皮质扶手椅上。你面前那张磨损的茶几被许多书压得摇摇欲坠。那些书你一直想读却总没有时间翻阅，上面积着厚厚的灰尘。咖啡已经凉透了，表面浮着一层已凝固的奶泡。你旁边的角桌上有一盏绿色老式台灯，房间着了火，更让它显得只是个装饰。

火焰悄然蔓延至墙面，墙纸剥落，灰烬如降落伞般飘向半空。微小的火花把你脚下的地毯烫出一个个洞。烟雾缭绕，你几乎什么都看不见了。你的肺部吸入浓烟，眼睛被熏得满是泪水。可你仍坐在原地，一动不动。你付账单、查看电子邮件、赶工作截止日期、发冗长又烦人的短信，又或者在社交网络上转发励志鸡汤，就是对即将到来的死亡无动于衷。你听到本能在发出微弱的尖叫，一个内心深处的声音催促你："做点什么。"

然而你却对自己说"一切正常"。你没事，甚至可以说一切尽在掌握。明明生命受到威胁，出于某种原因，你却对危险视而不见，假装什么都没发生。或许你在等待营救。或许你实在太忙了，无暇于自救。或者你其实意识到起火了，却只是一门心思专注于争论是谁先放的火——宁可去想这该怪谁，也不愿意寻找求生的办法。无论如何，你没选择灭火，这就意味着你最终选择了被火舌吞没。

我请来访者花时间思考、探索并找到这些意象背后的含义。之后，我会这样分享自己的解读：

在房间中，我们注定独自一人，因为永远不会有人真正了解我们的感受。破旧的扶手椅代表已养成的习惯和行为模式所带来的安全感。扶手椅之所以位于房间中央，是因为无论好坏，我们每个人总是自己生活的焦点。我们紧张的人际关系（茶几）由于缺乏自我成长与疗愈（未被翻开的书）而岌岌可危。冷咖啡代表流逝的时间和逐渐堆积的自满情绪。台灯意味着我们逐渐变弱的洞察力，它的光亮被缓缓爬满墙面的火焰（自我否定）所掩盖。

墙纸代表边界感。随着时间的推移，它开始剥落，破坏房间的完整性，对我们的自我造成威胁。地毯，也就是构成我们根基的信仰、道德和价值观，全都着了火，让人难以站稳脚跟。模糊的视线是我们灌输给自己的负面叙事。侵入肺里的浓烟是所有的消费品，我们以为拥有这些会让自己完整，事实却并非如此。我们成功无视了危险的信号和责任的呼唤。我们放弃自由，冒着生命危险享受熟悉感，也就是所谓的义务和日常琐事带来的温暖。也许我们对自己为何身处火海或者谁该对此负责一无所知，可最终，唯一重要的是面对现状，自己能够做些什么。

———

很难说清为何面对如此明显的威胁，我们还能若无其事地继续生活下去。很难想象即将失去自我这样重要东西的人，怎么会对危险信号视而不见。这种损耗，这种迫在眉睫的威胁，不是生理上的，而是存在层面的。

对日常生活方式的选择让许多人面临着危险。

让我们看看一个名为艾里克丝的女孩的一天。清晨闹钟一响，她做的第一件事就是伸手去拿手机。才几秒，她的手指便点开了第一个应用程序。睁眼的工夫，她迷迷糊糊地查着消息，暗暗算计着何时回复或者怎么给图片点赞才不会显得太过迫切。她漫无目的地刷着手机，几分钟、十几分钟或者二十几分钟，有意无意地关注别人的生活、体型或者成功，脑海中增加了新的不安、比较或期望。最后，她在家匆忙梳妆打扮（为了他者的凝视）。如果她有时间做一件只为自己而做的事，那就是喝咖啡。总是如此：艾里克丝咕嘟咕嘟地灌下咖啡，然后立刻开始第一个视频会议，又或是匆匆出门赶车，完全忘记吃早餐、喝水，更不会记得要深呼吸一下。

工作中，她总对令人不快或拖后腿的同事挂着淡淡的微笑。在线日历会提醒她何时该与谁交谈，还有什么任务需要处理。如果视频会议太长，她会边开会边看邮件，两边都不太上心。实在不耐烦了，她还会背地里给同事发一条嘲讽的消息，等待对方的会心一笑。午餐时，她会再喝杯咖啡或者囫囵吞枣地吃点什么，无暇在意食物的味道。她会拍一张展示当天打扮的自拍或是办公桌前的风景，吐槽一下天气、工作量或者开个自嘲的玩笑。每隔两三分钟，艾里克丝就会查查谁看了她的动态，自己也再读一遍。她的照片看起来像是真实生活的升级版，让她感觉自己过得比实际上好得多。

下班后她可能会用用健身软件，不是因为在乎自己的健康，而是因为痛恨自己的身体。之后她会见见朋友，或者窝在沙发上看剧，以此缓解筋疲力尽、心烦意乱或是虚度光阴的感觉。与此同时，她一直在查看手机，看交往对象有没有新回复。最终她爬上床，盯着屏幕，直到眼皮灌铅。

艾里克丝已经习惯（甚至可以说是很舒适地）生活在失火的房间里了。

日子一天天过去，她在自我迷失中越陷越深。

这一切是否令你感觉似曾相识？

听上去我们就像丢了车钥匙或手机充电器那样失去了自己的本质。这样的类比看似直观，然而将自我迷失与失去某物相比是不恰当的。简单来说，自我迷失就是与真我疏离、缺乏共鸣或失去联结，这种非统一、非本真的感受让我们感觉自己的行为、感受和决定不再能够反映出我们对自身存在的理解与体验。

令人遗憾的是，太多人缺乏自我觉察，仍旧无动于衷地继续生活。作为一名存在主义心理咨询师，我逐渐意识到，稳固的自我意识是获得幸福感、良好人际关系和成就感的核心。相反，自我迷失往往会导致我们无法与人沟通和设立边界，社交时感到挣扎，对做决定充满恐惧或不知所措，难以做到自我关怀。最终，它将妨碍我们过上有价值的生活。

当你读到这段文字时，也许已经感到自己生活得如同行尸走肉，缺乏觉察、精力抑或自由。这种生存状态在当下是如此普遍，大胆一点说，自我迷失甚至已经成为人类生存状况的一部分。它不是病理性的，也并非一种诊断（尽管它可能与其他心理问题相互依存）。它是我们许多人共同面对的难题，也是我们获取真我、成就感并与他人建立有意义的联结的阻碍。

在自我迷失的状态下，真实地存在、实现自我是不被允许的，有时即便做出努力也只是白费。

自我迷失常常是看似有规律的生活所带来的后果。我们日常的选择和行为，最终微妙地导致我们不再能与真我相联结。像是灵魂出窍，或是与自己的感觉、身体、思想、信仰、感情、意义、自由和价值疏离了。这种断裂使我们无法保持行动的一致性，因为我们甚至不知道要与什么保持一致。假以时日，这种不和谐还将造成一种难以言表却挥之不去的空虚感和分裂感。只是很多时候只要还能忍受，我们就会选择对这些感受视而不见。

丹麦哲学家索伦·克尔凯郭尔曾写道，失去自我"在世上并不引起多大动静。因居于世间，人甚少寻求自我，并视拥有自我为洪水猛兽。失去自我的危险横行于世，悄无声息，仿若无事。手臂、腿、钱财、妻子……每一种其他的失去却皆能引起注意"。这种迷失的悖论在于，尽管它是在不知不觉中发生的，却仍与我们自身的意志相关。也就是说，它最终是在我们的许可下发生的。

没有我们的允许或者参与，我们便不会迷失自我。也许我们自己也不想待在失火的房间里，然而我们的不作为、我们对灭火的忽视，都将成为一种决定。这或许是因为缺乏觉察，或许是受不健康的环境或者关系影响，又或许来源于早年的某种创伤。然而大多数情况下，自我迷失最终是在自我欺骗的过程中完成的。眼前的威胁过于巨大，我们不敢采取实际行动，唯一的应对方法就是欺骗自己，否认自己感到空虚、不满和困惑。这种时候，生活开始变得像一本剪贴簿，上面贴满了我们为了填补空虚而做出的错误努力：感情、工作、财产，有时甚至是孩子。只要能假装一切正常得再久些，做什么都行。我们一边持续无视自己的过去、阴影和伤口，一边困惑为什么自己总是做出对自己无益的决定。

这种自我欺骗，也就是对确凿的反面证据视而不见，只看到自己想看到的东西的倾向，不能仅仅归因于个人。它根植于整个社会对自我的认知。

"非自我"状态在当下的社会中已经变得越来越普遍，大多数人甚至根本不知道有其他路可走。我们被教导着去打造、伪装、变形并剪贴出一个"我"的形状，以期找到所谓的归属感或者得到他人的承认，好像这些外在的认可就能填补内心的空虚。我们中有些人曾知道自己是谁，后来却迷失了方向，也有些人从未成为过自己。我们慢慢长大，逐渐衰老，担当的角色和发挥的作用发生变化，却从未把握住自己的本质（促使我们成为自我的内在品质，接下来的章节会详细探讨这个概念）。我们有了很多身份——专业人士、伴侣、导师、父母、朋友——却从未真正成为我们自己。我们从未为宝贵而有限的时间真正负起责任。不知不觉地，一种深深的迷失让人甚至不知从何说起。

自我迷失最基本的特征在于，它限制了我们成为自己的能力。

这种无形的痛苦是人类最为痛苦的体验之一，它会影响生活的方方面面。由于缺乏对于真我的认知，我们会：

- 不自觉地自我破坏、自我伤害；
- 难以察觉且无法用语言表达自己的需求、想法及感受；
- 发现自己过着不想要或是不满意的生活；
- 总是先人后己；
- 被困在低质量的亲密关系中；
- 陷入不健康模式的循环；
- 无法辨明自身目标或人生方向；
- 无法设定并保持界限；
- 感到强烈的不幸；
- 难以维持自尊；

- 经常对生活感到不知所措或失望；

- 发现在最深的层面难以真正跟自己建立联系，接受并相信自己是谁。

自我迷失的特征

在很长一段时间里，我都没有发觉自己已经迷失了，这很大程度上是因为我也不知道究竟发生了什么。意识到自我迷失如此困难，不光是因为我们有意无意的无视，还因为它深深地根植于我们作为人类的本能经验之中。

回首过去，我发现自己在生活的各个方面都经历了自我迷失。

我压抑自己的情绪，直到崩溃为止。

我误用或无视身体给我的信号，直到它强迫我倾听。

我有勉强让亲密关系继续下去的坏习惯，因为我不知道失去了爱人自己还能是谁。

生命的大多数时间，我都在盲目依靠一些外部标准塑造自己的道德体系。

问题不在于这些标准本身，而在于我缺乏主观能动性，无法理解自身的需求和欲望。

我成了那种四处可见的负责的人，却没有对自己的存在负起责任。我活着，却随意浪费时间，不在意所作所为带来的后果。我自欺欺人地认为，不满、悲伤和彷徨才是生活的本色。

我也曾想过如果能早点意识到自己的迷失就好了，但那就意味着我需要知道自己该找寻的是什么，可当时的我对此一无所知。有过上述经历之后，现在的我可以列出一些自我迷失的特征，来帮你更好地从整体上辨别它在生活中的具体表现。这些特征具体可以分为以下五大类：

1. 情绪

由于内在根基的缺失，经历自我迷失的个体往往很难自我控制、自我安慰或者进行情绪上的联结。因此，他们开始通过回避、压抑或建立逃避机制来应对。

有些应对机制很容易辨识，比如每晚酩酊大醉或是不停地看电视。其他应对机制则更难一眼识别，因为粗看上去，它们似乎是值得尊重的习惯。比如，许多人会选择让自己变得忙碌起来，或是不断追求成就等社会颁发的荣誉奖章。我们总是对这样的人刮目相看，而不是为他们担忧（有时这样的反应才更恰当）。他们在生活中设法通过麻痹或疏离自己的感情来缓解失落情绪，以至于没有时间去感受痛苦。

经历自我迷失的人在处理情绪方面往往有两种极端的表现。

一方面，一些人会对经常抒发情绪的人感到恼火，准确地说，他们会被这样的人触发。他们认为这些人缺乏控制力，为此感到怜悯，并因自己的高自控力而沾沾自喜。他们会认为自己处世的态度更加优越，无法容忍周围的人有任何情绪起伏。我自己以前就是这样。

另一方面，有些自我迷失体现为个体一直处于被情绪裹挟的状态，且不知如何是好。他们任由情绪控制自己的行为，期望有人来帮自己控制情绪，却难以理解这些情绪的含义，也不去尝试沟通。比如我们经常听说新手妈妈会在家里捶墙或是摔东西，的确，这些可能是产后特有的暴躁症状，但也可能是无穷无尽的需求突然出现所导致的自我解离。

2. 身体

我们无法将身体与自我分割开来。因此一旦迷失了自我，就难以感受到身体的协调和统一。这就意味着，我们很难在性爱、食物、运动（锻炼）与自我的关系中找到一种和谐的平衡。我们常常误读自己的生理需求、愿望、偏好或经历，尤其是迷失的时候，身体就变得更像是一个工具，而不是身份的表达和延伸。

许多人对自己的身体有过多的要求，却甚少给予其应有的关注。这是一切不健康关系的标配。我们可能会过度锻炼、忽视压力、对某些身体部位（如大腿、小肚子和脖颈）的外形无比严苛、缺乏睡眠、依赖咖啡，还会忽视不安或压力的信号。有时，我们甚至还会以不情愿的方式做爱，强忍泪水，将身体当成诱饵或战利品，而不是一个活生生、会呼吸、能变化的有机体。这些现象背后的原因，在于我们中的大多数人并未真正理解身体是核心自我不可或缺的一部分。

3. 关系

我们与他人的关系是我们与自身关系的折射。当个体经历自我迷失时，便更容易陷入以下几种关系中：1）不健康的关系；2）单方面的关系；3）不令人满意的关系；4）以上三种皆有。为什么会这样？因为自我迷失往往令我们失去辨识真正符合自己的情感、感受以及自我认同的关系的能力或意愿。当我们缺乏自知时，选择的伴侣或关系就更可能是对创伤、不安全感或固定行为模式的回应。

自我迷失还可能伴随着价值感的缺失，这驱使我们试图通过外界的认可来重获自己的价值。许多人都有这样的经历：强迫自己相信伴侣想要的就是我们想要的，他们对待我们的方式是"正常"的，或者用"人无完人"的说法来为一而再、再而三的恶习辩护。这种思维方式导致了许多令人遗憾或痛苦的互动，因而减少了自我接纳的空间，更加剧了自我迷失的程度。很多人在结束一段关系后，可能都不知道自己还剩下什么。如果你发现自己深陷一段关系而无法自拔，很可能是因为你不知道没有了对方，自己究竟是谁。

4. 内心认同

自我迷失会导致内心认同的缺乏。作为存在主义分析的术语，"内心认同"意指同意或允许自己运用作为人类的自由去选择和生活。经历自我迷失时，我们通常会失去这种参与感和辨别力。结果，我们不仅难以捍卫或接受周遭的环境、后果和责任，甚至难以接纳自身。

内心认同就是我们对生活说"是"的意愿。它关乎肯定我们的想法、价值观、情感、个人特质，肯定对我们重要的事。通过内心认同，我们与内在的自我保持一致，评估事物是否与我们理解的自身相契合。

当你看向镜子的时候，是否能够坦然接受镜中的那个自己，以及你存在的每个时刻？即使周围的世界不理解或者不赞同，你是否也能坦然面对自己的选择？你生活在自己的真理之中吗？你的生活是否激励着你？

给予自己内心认同是一场持续的修炼。我们的存在是由无数发生在生活中的事件累积而成的。仅对几个重大事件或改变生活轨迹的决定给予肯定是远远不够的。如果我们不能对生活中的每件小事持续地给予认同，认同整个人生就会更加困难。但如果我们能对自己给予这种认同，生活就不再只是被动承受的生活。相反，它为我们而存在，可以按照我们的意愿去塑造和调整。

内心认同是一种被赋予力量的立场。

有时，说出"是"，也意味着我们要学会说"不"。为了能够对我们的价值观、信念、愿望、想法或感受说"是"，我们可能必须对某些机会、人物、工作、关系和观点说"不"。对生活说"是"意味着担负起如何定义自己存在的责任，而不是无选择地接受一切。

内心认同不仅仅是一种思维，亦是一种感受——一种深刻的共鸣感，一种对生活说"是"的感觉。这种积极的感受使我们得以充分地展现自我、坚定立场，并勇敢表达，使我们感到自己的行动与内心的自我高度一致。如果没有对自己是谁的清晰认识，

24

就无法实现内心的认同，也就无法获得本真性和满足感。

5. 意义与道德

　　意义是我们生活的驱动力，道德则指引我们如何选择生活。意义和道德共同协作，能够帮助人们找到自我存在的定位。自我迷失并不只是行动或不行动的后果，有时也源于对方向的误判，结果可能会导致模糊的价值观、道德感或者伦理行为。经历迷失的个体有时甚至难以明确信念，难以与世界进行有意义的互动，认为生命是虚无的。

　　在成长的过程中，许多人都被灌输了这样的思想：人的意义取决于对社会的贡献。尽管为社会做贡献的确可以带来成就感，但这种观点将意义局限在了我们的产出或是有用性上，可能会让我们忽视一个事实：我们自身（对，就是你，此时此刻的你）天生就承载着意义。但意义的来源在于"自我"。我们有能力通过与世界互动和理解去创造意义，而不必局限于做出某种具体贡献。重要的是要知道，我们可以在一次深刻的谈话、参观一座艺术馆，或仅仅是静观海浪拍击岸岩中找到意义。

　　至于道德，那些从小就被教导遵循一套规则（道德）的人一旦远离、改变或质疑他们的信仰系统，便会感到迷茫。我接触的许多来访者都内化了服从的美德，他们中的大多数都没有或是不被允许为自己思考。缺乏质疑或反思导致了盲目服从，这种服从忽略了内心认同、协调和一致性。根深蒂固的道德观支配了他们的行为，为他们提供了某种作弊用的小抄，也塑造了他们现在的样子。对某些人来说，他们因此失去了自我。

没关系，都会好的

没有人愿意失去自我，但在某些时刻，我们的想法已不再重要。这并不意味着我们对此不用负责任，而是说无论我们如何看待这一情况，事已至此——自我迷失已经发生。这就好比如果有人一把火烧了你的房子，无论蓄意或是意外，现实就是你得先去扑灭火焰。本书的后半部分，我们将讨论是谁或是什么点着了侵蚀自我的火。但请记得，起火的源头永远都没有我们如何应对这场烈焰般的考验重要。期待生命中的每个瞬间都与我们的本真完美契合是不现实的，但这不意味着我们应该停止追寻。我们有责任成为自己的最佳版本，并且在这个过程中不断鼓舞自己。

我们必须停止将自我迷失所引起的痛苦常态化。虽然它普遍存在，但这并不是我们应该感到满足的状态。如果我们失去了自我，那么生活就只能是一个充斥着忍耐和表演的舞台。我们值得拥有更好的生活，并且完全有能力实现它。

人们很容易将任何涉及痛苦的体验病理化。然而，我们不应当忽略痛苦在我们生活中起到的作用。我不是在提倡寻求痛苦，而是说，当痛苦真正发生时，我们可以从中获得启示（它不可避免地会发生）。将痛苦视为一个信号，或是一个可以帮助我们的信使。

当火焰接触皮肤，疼痛会让人立刻撒手，这是一种保护机制，避免产生进一步的伤害。自我迷失的痛苦同理。它发出信号，告知我们需要改变，是促使我们采取行动的催化剂。

我经常告诉来访者，疗愈的过程中，情况往往会在变好之前先变得更糟。当我们开始更多地自我觉察时，伴随而来的痛苦也会变得更加明显。也许父母在某些方面辜负或伤害了我们，或者上一段感情的失败其实是我们自己造成的——这些认识可能会令人难以接受。

但好消息是：自我迷失不仅仅会让人没入黑暗，它也可以是一次重启人生的机会。这是一个自我和解、自我宽恕，进而促发转变的机会。最终，它将使我们变得更完整。自我迷失也许是我们追求主体性和自由的契机。就像火焰一样，这种经历本身就蕴含着毁灭和重生的力量，充分地塑造和雕琢着我们存在的路径。

迷失本身可以是一段美丽的旅程。在这个过程中，你可以自由地探索新思想、结交新的朋友、探究生活的意义和体验未知的事物，而无须担心束缚，也无须顾虑。迷失并非终点，而是象征着一段更加真实的自我的开始。

我逐渐明白，真正的转变源自透彻地观察、理解并接受自己的本质。我们的存在是独特的、即时的，并且在不断地演变着。我们的故事是独一无二的，无法与任何人共享。要找寻"我是谁"这一问题的答案，就要意识到，我们的任务不在于回顾过去，试图"找回"曾经的自己。我们需要活在当下，行使作为人类的自由，做出每一次选择，面对每一个挑战。

自我就像一幅不断完善的画作，每个时刻和每次互动都为画布添上一抹新的色彩。以往的经历构成了画作的基底，而每一次行动都为其带来新的变化，使之更接近它本真的样子。一旦新的笔触添加上去，画作就不能再回到原来的样子。人生没有倒退的可能。生活的每个方面，包括每次失败、变化、失去、悲伤与喜悦，都在诉说着你是谁，塑造着你当下的现实。

面对自我迷失是一段漫长而晦暗的探索之旅，而你要迈出的第一步便是要承认自我迷失的存在。感到彷徨失措是件再正常不过的事——当你真正面对真我的时候。

日复一日地带着觉察生活容易让人感到疲惫，甚至气馁。但我可以保证，为了自己而做出的这些努力，其回报远远大于付出。因为你将获得你自己。真正的你将过着真实、自由而有意义的生活。注意，真实的生活不意味着简单、愉快或者完美。然而你在其中将可以全情投入每个层面，感受每一个高峰和低谷。真实的生活允许你犯错并吸取教训。最终，它全然地体现了你是谁。

>> 严峻现实

无论是在飞机上、坐在餐桌边还是躺在床上，此时此刻的你就是真正的你。如果发现你不爱现在的自己，记住，能主导这场变革的也只有你自己。

>> 温柔提醒

任何时候开始做自己都不晚。

Chapter 2　自我究竟是什么?

　　离开对自我概念的理解去谈论自我迷失极其困难,也是不可能的。毕竟我们要知道迷失的是谁,找寻的又是谁。大多数人或多或少对"自我"的概念有所探索,有些人很少质疑自己是谁(可能只是在分手、遭遇死亡或者其他重大生活事件后短暂地这样做),另一些人则经历过深刻的身份危机。

　　"我是谁"是个普遍的问题。人们对理解自我这件事有着与生俱来的需求。即便这个问题对于我们的存在至关重要,通常个体也只会在面对挑战、变化、绝望、不确定性或者自我迷失时才真正遭遇这个问题。事实是,除非万不得已,几乎没有人愿意主动去探究自我。

　　通常,在经历了迷失之后的"自我发现"有以下两种方式。

　　第一,寻找丢失了的东西,或者寻找自己。这是在寻找已经存在的东西(一个超越我们当前感知与行动的自我),寻找我们命中注定要成为的人。

　　第二,通过成为自己、创造自己,去发现那个自我。这种思维的辩证法并非什么新发明，而对于自我发现的理解将取决于每个人自我的理念。

对于自我的探寻可以追溯到西方哲学的奠基人亚里士多德和柏拉图。他们提出，每个人都拥有一种内在的本质，也即某物之所以为其所是的一系列重要特质。当这些特质出现缺失时，本质就变得不完整，如同一把失去了锋刃的剑就不再是一把利刃。如果我们无法彰显出自身某些必要的品质，那么我们就不再是我们自己。这些早期哲学家信奉"本质主义"，即人类的任务就是去活出某种被赋予我们的本质。他们认为，无论成败，我们都是带着成为某人的使命来到世上的。很多人在不知不觉间接受了这种关于自我的理解，却没有意识到其本质主义的根源。进一步观察，我们会发现，无论是意见领袖、公众人物，还是身边的亲友，他们同样没有意识到本质主义的幽灵并没有随着早期哲学家的离世而消失。

在哲学史的发展进程中，存在主义哲学的诞生可以被看作一种对本质主义的回应。作为一种理论和方法，存在主义强调个体是自由且负责的主体。通过自决的行动（不同于对于某种前定本质的依赖）来确定自己的发展。作为现代存在主义的代表人物，让－保罗·萨特提出了"存在先于本质"这个与本质主义对立的观点。萨特认为，在出生于世之后，我们通过选择如何生活来决定自己的本质。他相信，我们的本质都是由自己创造的，而非预先赋予的。

什么是自我？如何把握自我？

作为一名存在主义心理咨询师，我会运用存在主义理论回答以上两个问题。为了让接下来的哲学阐述更为易懂，我会努力以一个简明的方式给你提供一个关于自我的阐释，避免让你筋疲力尽地与长达数个世纪的理论展开鏖战。（别客气！）

　　存在主义之美在于它充满了能动性，强调选择和行动。作为首位阐述存在主义哲学的哲学家，克尔凯郭尔认为"自我即与自身建立关系的关系"。（如果你觉得有些拗口，没关系，我保证这句话是有意义的！）自我是由其表达方式定义的。自我表达是我们在这个世界上展现自己的方式，随着时间的推移，也构建出了我们的身份。我们对自己是谁的理解会影响我们的行为，从而间接影响我们对自我的认知。换句话说，如果缺少对自我表达的理解，自我就无法存在。

　　谁说浪漫爱情片不能用来阐释哲学？作为一个90后，我很愿意借朱莉娅·罗伯茨在《落跑新娘》中的角色来说明行为是如何与自我意识相分离的。在这部电影中，朱莉娅扮演的女主角麦琪总是根据伴侣的喜好而改变自己喜爱的鸡蛋口味。由理查·基尔扮演的记者艾克是麦琪最感兴趣的交往对象，他正在撰写一篇关于麦琪诸多失败恋爱经历的文章。在一个片段中，发生了以下的对话：

　　艾克：你是我见过最迷糊的女人。

　　麦琪：迷糊？

　　艾克：对。你甚至不知道自己喜欢吃什么样的鸡蛋。

麦琪：什么？！

艾克：跟牧师在一起时，你喜欢吃炒蛋。和空乘好上了，你就喜欢煎蛋。和虫男在一起，你就会喜欢水煮蛋。结果现在你只吃蛋白，真是谢天谢地。

麦琪：这叫作改变心意。

艾克：不，这叫作没有自己的主见。

在电影的转折点，麦琪一下做了各种各样的鸡蛋。这样她就能全都尝尝，测试自己喜欢哪种口味。她终于愿意开始探索自我，包括她到底喜欢什么。这短短的一幕充满力量。因为它展示了在理解自己到底是谁这件事上，我们既拥有自由也负有责任。这意味着回到最初，运用自主性识别，通过试错找到喜爱的鸡蛋口味。此后便能用自己喜欢的方式烹调鸡蛋，并真诚地享受它们。

每一小步和每一大步同样重要，因为如果行为变得支离破碎，个体的自我意识也会跟着变得分裂而难以定义。假如我们的行为自相矛盾、杂乱无章或前后不一致，自我意识也会变得难以把握。这就好比走进一间频闪灯光的房间，你只能勉强看清房间的一隅，而永远无法对房间的真实面貌有一个连贯、完整甚至准确的认知。在这种情况下，我们就会在或大或小的行动中迷失。

通过各种各样的活动和体验——比如感受爱情、艺术、身体、美、自然和食物——我们得以更全面地与自我相遇。我们通过真实的体验找到与自我的亲密联系。与世隔绝无法实现真正的自我，无法与自我建立亲密关系。真正的自我只能通过与世界的互动以及对世界的隐喻性感知来实现。

选择的自由

萨特认为，人类不仅被赋予了创造自我的存在性任务，还要面对在完成该任务时伴随的"自由的荒谬性"[1]。尽管自由是许多人所渴望的，然而必须意识到的是，自由要求个体不断做出选择，并为这些选择承担责任。个体自由的程度永远都与其所承担的责任相辅相成。

简而言之，自由带来了选择做什么或不做什么的能力。幸或不幸，我们永远都是自由的。用萨特的话说，"自由就是注定要自由"。这并非危言耸听，萨特所言不过是在强调人类注定无法逃脱自由，无论我们如何言行、如何选择，都不可避免地需要承担相应的责任。

选择疲劳是一种实实在在的感觉，我们会在不知不觉中寻求喘息的空间。很多时候，我们都希望能有人替我们决定去哪里吃晚餐、看什么电影、是否结束一段关系、发哪张照片到社交媒体、是否参加陶艺班，又或者是否要直言不讳地向老板提出意见。我们总是还没确定自己的观点就花大量时间去询问他人的意

---

1 萨特提出，存在即荒谬（缺乏内在意义、价值或含义）。换句话说，他认为我们只能依靠自己去创造生活中独一无二的自我和意义。——作者注（本书注释均为作者注，后不再说明）

见。的确，征求意见本身无可非议，但通常我们所追求的不是真正的见解或智慧，而是从决策的重负中解脱出来。这没有错，做决定的确让人筋疲力尽，尤其是当我们幸运地拥有大量可选项，却对自我缺乏理解时，"正确"的行为就变得更加难以识别。一旦意识到所作决策的重大意义，这种负担感就会变得更加沉重。

多年来，我与来访者有过许多类似以下的对话：

我：听起来，你已经意识到了自己想要做出什么改变。你认为是什么在阻碍着你呢？

来访者：我害怕变化。

我：可以理解。不过你为什么害怕改变呢？

来访者：因为……如果我选错了，变得不快乐了，怎么办？

我：你现在快乐吗？

来访者：不快乐。

我：那这两种不快乐有什么区别吗？

来访者：如果我去改变，我的不幸就是自己造成的。现在，至少我可以说是环境使然，是生活的错。

我：听上去，你害怕的其实不是变化，而是承担责任。

来访者：我就是不想让自己觉得痛苦都是自找的。

我：但是，不采取行动、拒绝改变本身也是一种决定。即使你什么也不做，那同样是你的责任。

我们中的许多人都不愿意为未能过上理想生活或成为自己想

成为的那个人负责，一些人反而会通过放弃自由来逃避责任。如果可能的话，许多人都宁愿将自己的行为、决定、态度或者欠佳的自我意识归咎于他人（当然，如果你有取悦他人的倾向，那么你可能会承担过多的责任。而说来讽刺，这本身也是一种对自己不负责的表现）。遗憾的是，审视整个社会，我们会发现逃避责任已经成为一种大趋势。

集体性的逃避责任导致了诸如全球变暖、贫困、性别歧视和种族主义等问题的蔓延，某种程度上，这种责任感的缺乏也影响了当今关于心理健康的讨论。我们开始给所有合不来的人都贴上"有毒""自恋"的标签，"创伤"这个词也开始被滥用，为任何不负责任的行为辩护，这对经历过真正创伤的人来说是极为不公平的。

萨特认为，人们将自由外包给家庭、机构、社群或宗教等，希望这些外部组织为自己提供某种结构或指引。然而，萨特认为，这些依赖外部世界来定义自己是谁的行为，都是"不真诚"的。自欺的后果是我们开始相信自己是某种被别人定义成 X 的人（无论我们被告知的是什么，无论我们认为自己需要什么），尽管在内心深处，我们知道自己其实不是 X，而是 Y。

这道思考题，你可以自行填空。对你来说，X 代表什么，Y 又是什么？

萨特曾用一个法国侍者的例子来说明一个人可能会因为过度投入某种角色而失去自身的特质。这位侍者尽管外表完美符合其职业形象，却因为表现过于刻意而显得不自然。他夸张的行为更像是表演，而非在真正地生活。这种表演令他失去了自我，变成了一个符号、一个别人眼中的道具。这种表演甚至不仅仅存在于旁人眼中，也成了他体验自我存在的方式。

你是否曾觉得自己在演戏，或者假装你是谁？有时，试图逃避虚无反而可能会给自己带来更多痛苦，因为我们在掩饰真实的自己。

萨特指出，作为"不真诚"的一种典型表现形式，人们表现得仿佛除成为某种特定角色之外别无选择，并以此否认通过选择或改变行为去重写自我的自由。这种态度在社会中很常见，人们常常通过假装自由已被某个过去的事件剥夺，来否定当下的自由。比如，我们都认识这么一个人，姑且称他为布拉德。在高中时遭受的背叛让布拉德受到了情感创伤，又或者他的父母离异了，这些经历让他在成年后的恋爱关系中成了一个彻头彻尾的浑蛋。那么，在承认他受过伤害的情况下，布拉德何时才能不再用旧伤为他现在造成的伤害找借口呢？何时开始，布拉德才可以开始为他的行为负责？何时开始，他才能够面对这样一个事实：他的选择反映的并非他过去的痛苦，而是他如今的为人？

这样的布拉德有很多。现实中，人们常常因不知如何面对自由而选择限制或逃避它。

通常的做法是屈服于社会期望，将自己置于受限或攀比的境地，满足他人的期望。大多数人都能在符合某些期望的努力中寻找安慰，甚至找到意义。虽然不能一概而论，我们仍需扪心自问：我们是否因为不想承担做出选择的责任而放弃了自由？我们是否更愿意由别人告诉我们自己是谁，而非自己去探索？

　　自由与责任的重负无时无刻不存在。这个担子的确令人疲惫不堪。但是，每个人多少都能从自由中获得短暂的喘息。克尔凯郭尔认为，自我有两个相对的极端：必然性与可能性。必然性涵盖了某些无法改变而必须与之配合的具体特征，比如出生、死亡、对食物的需求或过去发生的事件，这些都是我们的"所是"。与之相对的是未来所代表的"可能"。可能性是尚未发生的事。这也是为什么克尔凯郭尔认为，我们不能看着镜子便得出"是，我就在这里"的定论。因为，构成我们自我的一部分蕴含在那些未发生的可能性之中。自我是必然性与可能性的交会、过去与未来的交会、现在之我与将来之我的交会。

　　人类之所以能够掌握必然性与可能性，是因为我们拥有一种独特的、能够将自己与"既定"相区分的能力。这种能力促使我们意识到未来的自我有无限大的可能性。即使无法摆脱困境，我们也可以自由地阐释它，赋予它意义。比如，我们无法选择长得更高、无法选择不同的过去、无法选择亲生父母或自己的种族，也无法选择不生病。然而，我们可以选择如何给这些既定境况赋予意义。我们可能的确是在无法选择的情况下被抛于世的。但现在，我们能够决定要为此做些什么。握着手中的自由，我们可以对自己每一天的表现、自己做的每一个选择负责。

　　奥地利精神病学家、大屠杀幸存者弗兰克尔在其著名的《活出生命的意义》[1] 一书中也强调了这一观点。他写道："人类可以被剥夺一切，除了自由——在任何境遇中选择自己的态度，选择自己的道路。"

沦为纳粹集中营的囚犯时，弗兰克尔被剥夺了所有基本的自由。他无权决定何时起床、何时就寝、吃什么、穿什么、住在何处或从事什么工作。他无法学习新的语言、看医生或拥抱家人。他不能离开集中营，甚至无法决定自己的生死。他仅剩的只有作为人类最后的自由：创造意义的选择。让人敬畏的是，他把握了这种自由。他选择了自己的态度，选择了自己的意义，选择了如何面对自身有限的存在。

那么，我们又有什么借口呢？

请记住，自由并不意味着没有束缚，它蕴含了某种我们与"既定"之间的关系。萨特指出："自由就是我们对所遭遇的一切的回应。"弗兰克尔完美地将这种关系概括为："自由并非脱离环境，而是在面对任何情境时选择自己的态度。"弗兰克尔和萨特一样，认为人类始终是自由的，尽管在不同情况下，自由有着不一样的形态。

作为二十世纪最杰出的哲学家之一，马丁·海德格尔认为自我（他称之为 Dasein，即"此在"，也可以翻译为"在此""去存在"）是当下、可能性与未来的动态交互。自我总是横跨于已发

1　值得注意的是，这本书远不能代表弗兰克尔的成就。他创立了一种名为意义疗法的心理治疗方法，至今人们仍在使用。虽然他遭受的巨大苦难与当下大多数人的挣扎不可同日而语，他创立的治疗方法却不局限于应对极端情境，而是更为普适的。

生和未发生的事件，以及所有这当中的可能性之间。换句话说，我们就是所有已发生与即将发生的事件的总和。明白自己总是拥有更多的可能性，可以说是一种解放。只要我们还活着，就永远都在成长，永远都拥有创造自我的能力。这种观点让人能够以积极的方式重新诠释"命运"：无论过去多么痛苦都无法完全界定我们，因为这种界定没有将未来的维度考虑在内，除非我们选择束手就擒。

通过勇敢地经历一切——无论是困难还是痛苦的事——以及与世界打交道，我们才最终成为自己。我们的存在，连同他人的存在一道，确立了我们对自己是谁的理解。个体的身体、文化、历史和背景不仅塑造了我们，更是我们是谁本身。我之所以是我，正是因为所有这些，而不是这之外的其他。我是独一无二的，因为我的本质是（在此刻）独属于我的一种多元交织的综合体。

这正是海德格尔提出自我需要一种"在世"（being-in-the-world）状态的原因。在德语中，"In-der-Welt-Sein"的字面意思就是"存在于世界之中"。与海德格尔定义自我的"Dasein"概念相互呼应，"在世"同样强调了自我与存在是不可分割的。在这个意义上，丧失自我就意味着存在的终止。

难怪失去自我的痛苦堪比死亡。

偏航的自我

很多人终其一生都不知道自己是谁。我们不断以"自我"的名义说话或行事，却极少对它有足够深刻的理解。很多人所追求的，其实是一种商业化后的幻象，一个被描绘得美轮美奂的虚假的"本真"。

假设生命是一场不断前进的旅程，那么所谓的本真与非本真不过是同一航道上的两个不同方向。生活没有停滞不前的可能，没有站在两者之间的余地，也不允许我们在两者之间徘徊不定。无论是否做出选择，是否担负责任，无论把握或放弃自由，我们始终在塑造某个版本的自我，只不过有时这个自我并不真实罢了。当决定与行动并不真正源于内心，也无法体现对自我的理解时，非本真便发生了。海德格尔认为，非本真是对自己人生的无视，是对可能性的放弃与否定。具体来说，非本真的行为可能是违背内心意愿地去社交、认同自己其实不同意的观点，或者根据父母的期望而不是自己的梦想去选择工作。当我们放弃行动的自主权，自我就丧失了。

但是，非本真的生活并不等同于迷失自我。生活在非本真的状态中就如同向海洋深处潜水，虽然方向相反，但我们知道海面的位置。相比之下，迷失自我就如同被洋流裹挟，深陷水下漩涡而无法辨识方向，失去浮出水面的能力，只能漫无目的地游下去。自我迷失中那种不和谐、分离或丧失目标的程度，正是它与非本真状态的不同之处。在非本真的状态下，可能出现注意力不集中、考虑不周全、分心或是被他人影响而偏离自我的情况。这时，自我存在虽然没有获得充分的发展空间，却依然与我们个体的存在保持着联结。相比之下，自我迷失则意味着永久地失去这种空间和联结。

很多来访者表示他们不再知道自己是谁，并因此沉浸在绝望之中。好消息（或坏消息）是，他们并不孤单。当我们试图面对自我和生活时，都会在某种程度上感到绝望。绝望的原因可能是对自我的认识缺失（但又想了解），或者对当前自我的不满（并不想成为现在这样的人）。

我们中的大多数人要么竭力试图弄清自己是谁，要么在认识到自己的非本真状态后拼命逃避。无论哪种情况，绝望都可能随之而来。每个人都在搜寻着一个能够解开自我之谜的答案。

遗憾的是，对于"我是谁"这一问题，唯一明确的答案只存在于我们的行动之中。每一天，我们都需要通过在世界上的存在去展示真实的自我。关于存在的选择权就在我们自己手上。如萨特所言，生而为人能做的最好选择，就是真实地生活。在他看来，本真就是全然接纳自由的存在。

本真的要求

综上所述，"真我"包含了三个关键要素：自由、选择和责任。个体所做的选择、面对存在的责任感，以及如何把握有限的自由共同造就了个体的自我意识。

这个观点曾给过去的我带来过很大的挑战，然而经过深思熟虑，我意识到这个观点所蕴含的力量。它的冲击力就像我们第一次被当作成年人时一样，当时我简直不敢相信居然有人要求我为自己的行为和错误承担后果。他们怎么敢这样做？我记得当时自己这样想。什么？我现在已经是个只能依靠自己的大人了吗？我根本就不该自己做主！

我们所面对的这曲存在主义三重奏，在其糖衣外壳（我猜可能尝起来味道挺浓的）下包含了这样一个事实：虽然自由总是向我们提供选择，然而没有人能告诉我们该怎么做。无论选择做什么或不做什么，个体自身总要为此负责。

萨特曾用一个例子来说明这个观点：有人前来拜访，请他帮忙做一个决定。来访者需要在参加一场自己信仰的战争（虽然他扮演的角色可能很渺小）与留在家中照顾自己年迈独居的母亲（在一个小场域中发挥重要的作用）之间做出选择。萨特认为，没有人能帮他找到"正确"的答案，因为在做出选择前，正确答案是不存在的。正确的答案就是真实的答案，除了自己，没有人能引导他做出真正真实的选择。因此，无论他选择什么，那都是唯一真实的选择。

在当代文化中，"本真"是个流行的概念。它的普及本是一件好事，但在寻求广泛受众的过程中，这个词本身的重量和含义被剥离，被严重地误解和滥用了。为了避免混淆，我将在本书中进一步探讨"本真"究竟意味着什么。

"本真"意味着名副其实、可靠或忠实地反映个体的原貌。然而绕开自我去谈论涉及人的真实性是不可能的。那么真实是否等同于成为自我？是否意味着个体与自我的完美结合？或者，是否指向对自我表达的忠实？

在存在主义分析的框架下，我所理解的本真，是在自身中找到了平和与核心。本真是一个空间。在这个空间中，我们不再迷茫，感到笃定，能与内心深处产生共鸣，能深刻且充满直觉性地感受自我存在。在本真的状态下，我们终于可以对自己是谁说"是"（在任何时刻都给予内部认同）。只有通过源自内部的和谐，我们才能获得自我的本质。而若缺乏亲身体验，就很难达到这种一致。正如只有听过歌词才真正了解一首歌想要传达的信息，我们只有通过集中注意力才能真正了解自我。所以，倾听吧。去尝尝所有做法的鸡蛋。

本真性就是自我意识在说："这就是我，此时此刻，这就是我想要的样子。"

当下，人们常常把"真实"当作替罪羊。当某人用"我只是在做自己罢了"来为自己的行为开脱，其实就是对"真实"一词的误用。真实的本意是为自己的选择负起责任。然而，当受到伤害，或遭遇困难及不公时，我们很容易在怎样担负起生活于世间的责任这个问题上变得闪躲。而这也恰恰是最容易滥用自由、曲解"真实"的时候。

作为哲学概念，"本真"一词的共识主要来自海德格尔的《存在与时间》（1927）。他在这本书里提出了一个新的概念——Eigentlichkeit。这个德语单词可以翻译成"自身性""所属性"或是"我性"。海德格尔认为，因为个体是自由的，且对这种自由负有责任，所以本真可以被理解为个体对每个独特的瞬间以及自我的肯定。本真赋予人类存在不可替代、不可简化、不可复制的特性。正如萨特所言："毫无疑问，我还有其他选择。然而这并非问题所在。问题应该是，在不刻意改变构成自我的有机整体的情况下，我是否还可以另有选择。"

每个行为都在塑造着自我的全貌。换句话说，自我随着个体行为的演变而不断发生变化。

最近，我在和朋友喝咖啡时聊起了自我迷失的问题。（有意思！）对方问："如果有人失去了自我意识，是否意味着他们必须重建自我？"我回答："不是。自我意识是一个持续的构建过程。每时每刻，自我都在不断地生成和变化。所以，这意味着自我是无法重新建立的。"

想知道"我是谁"，就必须理解自我在本质上是深不可测的。简单来说，这意味着当下的这个我将不断地变化和发展。

做人的美妙之处（可能也是最令人沮丧之处）在于，我们永远无法被定义。

为人的终极本质永远都"先"于个体，我们永远无法完整地成为这个本质。这个事实有时会令人感到无法承受。相比一生都要担负责任，大多数人希望能够一劳永逸地完成这场探索之旅。然而自我并非奖品，也不仅仅是一种所有物，不可能抛开生活的全部，只专注于那些美好、完整而充满尊严的部分。生活塑造着我们。

尽管不断发生变化，自我仍是具有连贯性的。正是这种连贯性，让我们能够一次又一次地呈现出与自身信念和自我理解相符的自己，并因此感到安全。同时，自我的灵活性、能动性以及可塑性也是安全感的来源。

石块可以被击碎，流水却难以斩断。许多人会将自我理解为成型、固定且不可移动的，实际上自我却像流动的水，它活泼、易变，不断根据实际情况变换着自己的流向。流动性是一种力量，而不是弱点。

给你一个挑战：每周选择一天，完全、真正地按照你对自我的理解去行动。在这一天，每个微小或重大的决定和行为都很重要（点什么咖啡，体态如何，说话用什么字词，鸡蛋怎样烹饪）。明确每个时刻的意图，不断回头检视自己的感受。寻找那种由平衡、和谐、平静带来的协调感，那些让你感觉一切都在以正确的方式发生并且让你感到"在家"的时刻。记住，如果忠于自我对你来说是一件新事物，你一开始可能会感觉奇怪、尴尬或不舒服。试着去接受这种尝试新事物带来的不适感。给自己一点时间。

成为自己的行动

必须指出的是，我对何以为人的理解深深地受到我导师阿尔弗雷德·朗格尔的影响。朗格尔师承维克多·弗兰克尔，而后者与马丁·海德格尔相互认识。作为存在主义学派的继承者，朗格尔博士不仅是我读博时的导师，更是我生命中的导师。

我的第一个文身就是受到了朗格尔理论的启发。那发生在我人生的最低谷，也就是惊恐发作之前。这个文身其实很简单，只是一个单词——Être，法语中意为"成为"。那时，我想提醒自己要去存在——改变、选择、转化、超越，在每个时刻中都成为真实的自己，而非仅仅生存。我希望在身体上刻下一个标记，代表我生活中过去与未来的交会点，即使前路尚不清晰，也能够提醒我每个时刻、每个决定都是塑造自己的时机。哪怕会在深渊中迷失，我也仍愿意追求这一切。现在，"存在"与"成为"的艺术已经成为我生活的核心，甚至构成了我的人生哲学。

对生命的理解决定了每个人的生活方式。对自我的理解又决定了如何成为"自我"。因此，也许接下来的一些问题能够帮助你更好地理解与自我的关系。你是在追寻别人为你设定的本质，就像追寻北极星的指引，还是在通过做出选择、雕琢和创造来塑造自己的本质？

1. 自我

- 你如何定义自我？

- 用五十个字来形容你的自我？（对，五十个字！）

- 你如何定义真实？

- 你的生活中什么是既定的，什么是可能的？

2. 责任

- 你对责任有什么理解？

- 你如何定义责任？

- 你觉得自己有什么责任？

- 你不觉得自己有什么责任？

- 你是否对当下的自己的样子负有责任？为什么？

- 你认为"我是谁"的责任该和他人共同承担吗？如果是，他们是谁？

3. 选择

- 你如何看待选择？

- 在目前的生活中，你在逃避做哪些选择？

- 对你来说，什么样的决定是最困难的？

- 做选择时，你最害怕的是什么？

- 有什么是你已经选择却想要停止的？

4. 自由

- 你学到的自由观是什么样的？

- 你如何定义自由？

- 你觉得自己自由吗？

- 是什么在限制着你的自由？

- 你对自由感到焦虑吗？

- 有哪些事是可以由你自由决定的？

许多箴言告诉我们，无论身处何地、成为何人，我们都已是自己最好的版本。但现实往往不这么理想，或许我们并非处在理想之地，也未必成为理想中的自我。

但如果你的生活真就这样一成不变地继续下去，这足够吗？当生命走到尽头，你躺在临终的床榻上，能对自己说"这一生活得值得"吗？

我不是想让你把自我当作一场及不及格的考试。但我认为你应当拥抱它，将它当作人生的功课。你的自我，终将是你的杰作。

以下这些简短的存在主义词条，可以用来巩固我们讨论过的一些复杂概念。

真实／本真性。虽然听起来很迷人，然而本真性并非我们与生俱来的本性。恰恰相反，它是一个决定和创造自身的过程，是行为、情感和思想一致性的体现。自我只有在创造中才能被"发现"。本真性是一种需要通过承担责任、做出选择并肩负自由之重而实现的存在。它要求我们亲身参与和投入。

自由。自由，本质上是做出选择的能力。你可以肯定地说"是"，也可以断然地说"不"。这种选择的力量独立于外界的强制或依赖。的确，这个概念对许多人来说可能令人畏惧。然而我仍坚持一点：我们总有选择的自由。在大多数情况下，我们可以自由活动，而在极端或者压抑的环境中，我们唯一剩下的也许只有创造意义的自由。

责任。承担责任就是成为自己的选择和行为的主人。你就是自己生命之书的书写者。最终，你的存在将回归自身。你的本质与这个不断要求你参与互动的世界密不可分。面对世界的召唤，你需要做出回应。这就是你必须担负起责任的原因。

意义。探求意义，就是去观察并理解事物的本质，以及我们存在的目的。这是一个在经历中寻找目标和价值的过程。它将"我应当向生活索求什么？"转化为另一个问题："生活召唤着我去贡献什么？"

>> 严峻现实

你始终拥有自由，而这也意味着你必须不断地承担责任。

>> 温柔提醒

成为自己是一个持续成长和变化的过程，就让它自然发生吧。

Chapter 3　生活想告诉我什么?

　　我读本科时最喜欢的教授在学期刚开始时,讲述了这样一个故事。他说,在自己这门课过去二十年的期末考试中,只有一个简短的问题:"为什么?"他给考生答题的时间出了名的长,从三个小时到八个小时不等,甚至分发整本笔记本,以确保学生有足够的空间回答这个看似简单的问题。学生们通常都会携带零食、水瓶和好几支笔参加这位教授的考试。他因为极少给出 A 等成绩而出名,更别提 A+ 了。在他看来,学生的表现总是有提升的空间。然而,这样的传统还是被一个学生打破了。

　　出乎所有人意料,那个学生只用五分钟就完成了这场考试。之后他将笔记本递给教授,离开了教室。教授有些困惑,低头查看学生交来的笔记本,发现答案只有短短的五个字:为什么不呢?

　　很多人都在探寻生命存在的具体理由:为何生命值得经历,我们为何要关心或忽略自我。这位勇敢而年轻的存在主义思想家质疑了一个普遍假设,即生命的意义有确定的对错之分,或生命存在一种意义。相反,他选择将自己交给无限的可能性。

存在主义哲学家与心理咨询师在意义问题上或许存在着很大的分歧。当我告诉人们自己是一名存在主义心理咨询师时，他们往往会分别理解"存在主义"和"心理咨询师"这两个词，很难将两者结合在一起。怎样的人会既相信生命是无意义的、荒谬的，同时又能帮助别人理解自己的生命呢？

在心理咨询的早期阶段，许多感到迷茫的来访者都渴望找到他们是谁的明确答案，仿佛心理咨询能将这个答案装入一个绑着蝴蝶结的盒子，亲手交到他们手上。（啊，我真希望这是可能的！）他们想知道具体的步骤，想得到一张能明确指引自我成长之路的路线图。我明白，有条不紊、容易预判的东西往往能带来安全感和希望。然而，当你选择进行存在主义心理治疗时，不仅要重视"如何"去做，同样要关注"为什么"去做，因为后者将最终决定前者。正如尼采所言："如果你知道为什么生活，那如何生活这个问题就变得很容易解决了。"理解你为何想要生活可以帮助你弄清楚你希望如何生活，最终也会定义你是谁。

存在主义在二战后的兴起绝非偶然，特别是当大屠杀的暴行挑战了人们对这世界作为一个有序且有意义之地的信念时。然而，正是对意义的追求支撑着弗兰克尔活了下来，他因此提出，寻求生命的意义，而非仅仅追求快乐或权力，才是我们存在的主要动力。

朗格尔认为，意义是实现完整生活的四个基本动机之一。请花一点时间思考以下问题，想一想你能否全心全意地对这些问题说"是"。

• 我生活在这个世界上。但我是否真正存在？我能够存在吗？

是否有适宜的条件或环境为我提供安全感、支持、空间和保护？我是否信任自己和所处的世界？我作为人的最基本的生存需求是否得到了满足？我是否能接受自己的处境？

• 我活着，但真的活得快乐吗？

我的生活方式能滋养自身价值感并加强我与周围人的联结吗？我对自己活着这件事感到高兴吗？我是否能与自己、能与周围的人产生共鸣？生活是否让我感动，是否激励着我？

• 我可以成为真正的自己吗？

我是否感觉自己有权利成为真正的自己？我是否拥有一个能够自如表达自己的空间？

• 我的生活有意义吗？

我人生的目标和方向是什么？我能找到生活的意义和我想活出的样子吗？

正如你所见，最后提到的"意义"，实际上也是最初提出的条件。没有意义，存在就无法完全实现。缺少对"为什么"的追寻，我们就不可能完全存在。

现在，让我们借助下面这个在存在主义分析训练材料基础上提炼而成的清单，来深入探讨一下"存在"究竟是什么：

- 存在就是此时此地，就是当下，是充满活力和创造力的。

- 存在就是全情投入生活。

- 存在就是体验一切，无论快乐或伤痛。

- 存在是一种立场，是保持对世界的开放态度。

- 存在是意志的体现。

- 存在是带着自我认同感的生活。

- 存在就是采取行动。

- 存在既是赠予，也是任务。存在是一种选择。

- 存在是超越自身条件和局限性的行为。

- 存在是说"是"或"不是"的自由。

归根结底，存在意味着依靠个体的本质去进行创造，去参与生活，去面向生命。真正的存在让生活变得有意义，而不只是维持呼吸和心脏的跳动。

觉察生命的有限

人在世界上生活的时间是有限的，这个不言而喻的事实经常威胁着自我的存在。想到时间的快速流逝会让人感到焦虑，这很正常。意义在时间中展现，却不受时间的限制。只有当我们完全意识到生命的有限性时，有意义的行为才会出现。YOLO（You

Only Live Once）——你只活一次。时间让我们意识到死亡的存在，同时也推动我们去珍惜每一个独特的时刻，让我们活得有价值。若时间是无限的，我们可能只会变得自满，虚度光阴。

我总是很好奇如果一个人知道自己的生命只剩三个月，会怎样安排生活——对，我就是那个在聚会上提这种问题的可爱朋友。我朋友们答案中的理想的生活和自我往往跟他们现在的生活截然不同。他们渴望让宝贵的时间充满价值和意义——无论是与家人度过更多时光、旅行、尝试高空跳伞、重返校园学习，还是投身志愿者活动等等。那么为什么不现在就朝着这种理想中的生活进发呢？为什么许多人一心只想规避风险、寻求安稳，而非过一种丰富的、生气勃勃的生活呢？难道他们拒绝成为理想中的自己，只是因为还有大把的时间？这些心态我都能理解，因为即便是我也会在各种选择之间挣扎。但我发现，我真正渴望的是过一种有意义的生活，成为那个活出意义的人。因此，我开始努力，每天都朝着那个目标前进。这样的生活不总是容易，也不总是愉快——时刻保持警觉（绝不松懈），做出尊重自我的选择。保持清醒，而不是沉浸在梦游般的幻觉中。尽管充满挑战，但这样的生活总是值得的。因为它总是能够让我们感受到真实。在这个过程中，我们可以体验到无限的生命之美和巨大的满足。

当人忘记时间的有限性时，对生活意义的感知也会随之减弱。在经历了好几段远距离恋爱之后，我发现，离分别的时刻越近，我和伴侣对待彼此就越温柔、越专注。意识到共度的时光将要结束，会让我们更珍惜当下，共处的时光也变得更有意义、更特别。一旦开始认为相伴的时间是理所当然的，我们同样也会认为对方是理所当然的。

在这之后，我便试着不将时间视为威胁，而是学习使用它。

意义从何而来

那么，我们该如何寻找生命的意义呢？许多人会问："生命的意义是什么？"这个问题很难直接回答，因为它模糊且抽象，容易让人困惑。弗兰克尔把这个问题比作向国际象棋冠军询问："大师，请告诉我哪一步棋是世界上最好的？"不存在"最好"的那步棋，因为每一盘棋都有其独一无二的局面。同样，一个存在主义心理咨询师也无法告诉你生命的意义是什么。

在我听到的大多数叙事中，"寻找意义"似乎都带着某种暗示，即这是一件我们一次就能完成的事，好像意义来自某个"比我们更伟大"的地方（换句话说，就是不在我们的控制范围内）。我们"发现"意义，只因为它"等着"我们去发现。就好像宇宙或某种更高的力量能给我们提供意义，我们要做的只是去接受它。我知道这听起来很美好，但如果被"赋予"的意义与我们的自我认知不符该怎么办？比如，如果你是同性恋，却被告知意义来自与异性恋的结合；或者你知道自己不想要孩子，却被告知除非成为父母，你永远不会感到幸福？

我不能告诉你应该（或不应该）去哪里寻找意义，但我可以提供另一种看待问题的方式——或许我们有责任通过生活来创造自己的意义，而不只是去寻找。

基于独特的生命经历以及共鸣，我们或许能在创造的过程中获得意义。这是一个存在主义的原则，它甚至也适用于有宗教信仰的人。例如，信奉基督教不仅仅是一种内心的信仰，也体现了一种生活方式，即通过行动去体现信仰的意义。然而，请记住，有意义的并不只是行动。我们经常错误地将意义与产出混淆（相信我，它们并非总是相同）。当今社会已经让我们相信，如果我们不持续地生产，那就是在浪费时间，就是没有价值的。但是我相信大家都知道，"成功"与"忙碌"很可能没有任何意义。如果我们的行动缺乏价值、内在的肯定、主动的意图和一致性，那么得到的结果也是无意义的——所有的努力加在一起将一无是处。如果我们关心的只是个人的产出、计划和时间表，就是在贬低这个世界的价值，因为在其中的行动仅仅被当作用来满足欲望的工具。此外，只关注外部世界而忽视了内在就意味着失去自我，你的存在也会变得没有意义。

或许也可以这么说：每个人都有量身定制的独特使命等待着自己，这个使命纯粹而具有针对性。意义对每个人来说都是不同的，它可能每天甚至每时每刻都在变化。正如弗兰克尔在他的书中所写："重要的不是寻找普遍的生命意义，而是在每个确定的时刻为个体生命找到特殊的含义。"简而言之，我们做的每件事都有意义，它体现在每个行动中，包括此时此刻我们正在做的事情（比如：和孩子一起画画、准备晚餐、阅读本书、与朋友交谈、发送短信或电子邮件）。这些行动共同构建了此刻的自我。

这就是我想说的：比起宏大的存在主义命题，微小而有意义的选择更能体现我们是谁。

你还记得上次感受到完美且有意义的时刻是什么时候吗？对我来说，是躺在约旦瓦迪拉姆沙漠的时刻。当时天气温暖宜人，细沙轻托着我，夜空无边无际，浩瀚又神秘。那一刻，我感到自己既渺小，却又无比重要。因为我意识到，我是宇宙壮丽图景中充满价值的一部分，是那幅因过于巨大而无法一览无余的画作中不可或缺的一笔。

如果你感到在生命旅途中丢失了意义，不妨回想一下上次你感受到意义的时刻。是与朋友们欢笑的瞬间吗？是凝视大海的时刻？还是哄孩子入睡的温馨片刻？怀着好奇心去探究你在生活中不同领域的感受极为重要。将在某个领域缺乏意义的感受与整个生活的看法混为一谈并不妥当。我们可能在工作中感到不满，但仍然可以拥有充实的生活。然而，如果任由不满情绪蔓延，它可能会吞噬我们的一切。如果你正面临无意义感，这可能意味着你正朝错误的方向前行。我们对生命意义的理解可能会转换和变化，但它从未真正消失。

我们通常会问："生活能给我带来什么意义？"不妨换个角度，把问题换成"生活要求我做什么贡献？"这意味着我们可以选择回应方式。意义是对生活提出的问题所采取的行动、做出的贡献。在不断行动的过程中，我们既在理解世界，也在选择如何承担责任，以此照顾自己、他人、社会和我们的星球。

弗兰克尔提出，我们可以通过以下方式去发现生活的意义：

- 创作，有所作为；

- 经历某事或与某人相遇；

- 面对不可避免的苦难。

需要强调的是，弗兰克尔并不是说只有通过苦难才能找到意义。而是即便在苦难中，我们也能发现意义。面对无法改变的境况，我们仍有责任选择过一种有意义的生活："面对无法改变的事，挑战就变成了改变我们自己。"

你是否经历过极度不愉快、痛苦或困难，然而也知道自己必须面对的事？也许你曾为受到霸凌的某人站出来发声，或是忍受分娩之痛迎来新生命。为这些经历赋予意义，有时会使它们变得更容易承受。

弗兰克尔曾经举了这样一个例子：一位老人因失去妻子而痛不欲生，直到他意识到一个事实——他的痛苦其实避免了妻子承受他去世的痛苦。意识到这一点让他更容易接受自己的伤痛。类似的，我曾目睹有些人在经历离婚及其带来的难以忍受的痛苦后，告诉自己如果离婚有利于孩子的福祉，这种痛苦就变得更容易承受。

尽管我们经常以高度理性的方式探索生活的意义，但直觉性地去理解意义也同样重要。实际上，在大多数情况下，意义存在于我们的认知之外。许多人直到经历伤痛、生活的巨大变化或者自我迷失后才开始追问意义从何而来，这是因为意义通常是以直觉的形式存在于生活中的。

你为了什么而活？

读研究生的第一年我选修了咨询心理学入门，这门概述课介绍了所有主流的心理咨询流派。诚实地说，我对"存在主义疗法"这一章几乎没有什么印象，直到有一段描述深深地触动了我，至今令我记忆犹新。那是一个心理咨询师与有自杀倾向的来访者的简短对话，其中，来访者表述了他想寻死的所有理由。

听完来访者的倾诉后，心理咨询师提了一个简单的问题："那么，你为什么不去死？"

等一下，什么？我的下巴都快掉下来了。这样提问真的合适吗？我震惊了。这种直接的提问让我感到害怕、惊讶，同时又有些激动和兴奋，深深激发了我对存在主义疗法的兴趣。很多同学认为这种疗法过于激进（它的确如此）且欠缺敏感意识，我却觉得它既刺激又充满活力。我最喜欢的俄罗斯作家陀思妥耶夫斯基也是一名存在主义者，他曾写道："人类存在的秘密不仅仅在于活着，而在于为了什么而活。"前面提到的那位心理咨询师使用了一种颇具挑衅意味的提问方式，他实际上问的是："你为了什么而活？"这个问题引发了我深深的思考。

活着还是死去，每个人都应该拥有选择的权利。除非知道为什么我们选择活着，知道自己愿意为什么奉献，否则生命本质上与死亡无异。重新为生活赋予意义是能够救赎一个人的唯一方法。但这种意义的重建绝非照本宣科，而是要让个体直面自己生命的无意义，并承担起重建的责任。

弗兰克尔曾提到，有人向他询问意义疗法（一种专注于"人的存在及其对意义的追求"的心理治疗方式）与弗洛伊德的精神分析的区别。回答问题之前，弗兰克尔请对方解释他是如何理解精神分析的。

来访者说："在精神分析中，病人必须躺在一张靠椅上，说一些平日难以启齿的事情。"弗兰克尔回答道："那么，在意义疗法中，病人可以坐得笔直，然而他必须听一些他有时不太爱听的话。"

弗兰克尔的回答带有些许调侃，却准确地概括了面对存在的问题是多么困难。我发现，很多人不仅害怕寻找"答案"，甚至害怕提出问题。所以，如果不明白生活的意义或是自己在为什么而活，那也没关系！这不是什么病理性的问题，而是对于存在的焦虑。焦虑并不全是坏事，它是塑造存在的一种力量。我们需要学习的，是如何去接受并拥抱它。我们总是在自己的所作所为和期望达到的目标之间挣扎，这正是有意义地成为自己的过程。

弗兰克尔指出：一个关于心理健康的危险误区是去交涉人们最需要的平衡，或者生物学上的"内稳态"（homeostasis）。人们真正需要的不是没有压力的状态，而是为了一个值得追求的目标去奋斗，自由地选择使命。

几乎每天，我都在与内心的压力共存。它时而轻柔地提醒我，时而又压得我喘不过气来。前几天，在咖啡馆写作的我陷入沉思，顿感时间紧迫，开始怀疑一切的意义：我所做的决定是否正确？我与来访者的互动，包括我在 Instagram 上的发声，它们

真的重要吗？既然人难逃一死，现在建立的这些关系又有什么用？为什么我如此确信总有一个理由让我能在明天醒来？渐渐地，我发现食物变得索然无味，写下的文字空洞无力，我开始漫无目的地望向窗外。伴随着伤感的钢琴曲，脑海中的一切仿佛都变成了黑白画面。

然而，正是这种内心的张力让我在生活中找到了根基。尽管难熬，这些时刻却为我提供了宝贵的洞见，让我保持警醒，帮我重新找到定位，确保我总能积极地参与自我实现的过程。

但在此之前的很长一段时间，和大多数人一样，我的感受并非如此笃定。过去，内心的无根和空虚常令我焦虑不安。我想尽一切办法逃离不适、摆脱空洞，不由自主地想通过形形色色的关系、成就、外界认可或娱乐活动来自我麻痹。讽刺的是，正是对空洞的探索，正是这一痛苦而混乱的自我发现过程，让我找到一直缺失的意义，开始明白为什么自己会走到连"我是谁"这个问题也难以回答的地步。

>> 严峻现实

当你确信此生值得一过时，有意义的人生才真正
开始。

>> 温柔提醒

坚持自己存在的理由，这将指引你找到行动的
途径。

忠于自己行事的方式，这将带你走向真正的自我。

第二部分　自我迷失的地图

世界会问你："你是谁？"

如果你不知道，世界会告诉你。

——卡尔·荣格

Chapter 4   迷失是怎么发生的？

　　世界上的人大致分成两种：一种曾经拥有过自我，后来却把它搞丢了；另一种从未拥有过真正的自我。辨别自己属于哪一种人是一项艰巨的工作，而且这个区分其实并不特别重要。因为无论属于哪种情况，我们都会遭遇困惑，继而直面自我迷失的挑战，并且追问这种迷失究竟是何时、如何，并且为何发生。虽然回首往事能够让我们获得洞察、同情以及有意义的教训，帮助塑造我们的未来，但若想找回自我，仅仅回顾过去是不够的。

　　对我而言，自我迷失在很小的时候就发生了。如果非要说出一个具体的时刻，也许就是我九岁那年，在南斯拉夫防空洞中度过的夜晚。

　　直到今天，那个夜晚仍让我记忆犹新，因为它跟平静安谧的前一天形成的对比是那么强烈。那是个阳光灿烂的午后，我在小镇中心广场边买了宣告春天到来的第一支冰激凌。此外，那天似乎没有其他的特别之处，至少对1999年还存在着的南斯拉夫而言是这样。在战争爆发的几个月前，小镇的公共场所充满了低声耳语、咒骂、对战争的种种猜测，以及绝望的祷告。

战争爆发的那晚，我们一家人正窝在客厅的沙发上，准备看每周一集的墨西哥电视剧《埃斯梅拉达》。节目才播出几分钟，电视机便发出了一声尖锐而冗长的高频噪声，画面随即溶解成了彩色条纹，战争新闻以斗大的字号出现在屏幕里。如今我已记不大清具体内容了，除了最后那一句——"战争开始了！"不一会儿防空警报响起，就在那一刻，我的童年宣告结束。

我们冲出家门，逃往隔壁地下的防空洞，那是当时我们唯一能想到的避难所。结果刚刚踏上街头的石板路时一声巨响传来，只见一团巨大的橘红色火球冲天而起。不到一秒钟，一阵炙热的气浪扑面而来，第一枚炸弹在距离我们只有几千米远的地方爆炸了。

我僵在原地，不能动弹。那一刻，我既做不出任何反应，也无法感受任何情绪。

接下来的几天，我和家人辗转于各个公共防空洞，找寻庇护，与成百上千个陌生人挤在一起。地下防空洞内只有昏黄闪烁的煤气灯发出微弱的光线，地面铺满了处处破洞的毯子和老旧的床垫，空气里呛人的烟味让人窒息。

如此的生活延续了数月。我无法准确记叙一切开始的时间，只知道战争造成的创伤逐渐将求生变成我人生中最重要的事。对当时的我们来说，食物和避难所是最重要的事。我们在夜间轮班站岗，和衣而睡，行李随身，时刻准备撤离。竭力寻找容身之所时，也不忘考察能让我们逃离南斯拉夫的路线——一家人分散行动，各自为战。当时我还没意识到，有时逃亡比变成战俘更伤人。

我记得自己紧紧握着母亲的手，匆匆穿过大桥前往汽车站的时刻。桥刚走过一半时空袭警报突然响起，一架战机迎面扑来，我们开始竭尽全力地奔跑。直到今天想起这个时刻，我还能回想起当时自己的心脏如何在胸膛里激烈地跳动——我们不可能比轰炸机跑得更快。幸运的是，战机在最后一刻改变方向，轰炸了另一座桥。在汽车站，我颤抖着与母亲告别，紧握着装满零食的塑料袋，独自一人登上前往波斯尼亚的公交车。我不知道谁会在终点等着我，也不知道自己将要去向何方。

长久以来，我都不愿意承认这些经历根本性地改变了我，承认这一点感觉像是一种失败。已经有太多人被剥夺了生命，我不想让发动战争的那些人再从我这里拿走任何东西。但是，真相总会浮出水面，不是吗？

即使危机已经结束，二十岁出头、跟随全家移民加拿大的我仍然深陷在求生模式的泥沼中。我将自己封闭起来，批判、不信任的习惯成了我用来保护自己的方式。一旦有过生命在最根本的层面上遭受威胁的体验，就很难再允许自己去做除自我保护之外的任何事。痛苦成了我感知现实的壁垒，也夺走了我的自主能力。至少，我曾经这么想。

你听过关于大象和绳子的故事吗？故事里，一头小象被绳子拴在木桩旁。它曾多次尝试挣脱却失败了，终于选择屈服，因为它知道挣扎是徒劳的。后来，小象长成大象，有了足以逃离的力量，却没有再做尝试，因为它已经认定自己不可能脱离捆绑。此时困住大象的已经不是绳子，而是固有的观念，只是它自己没有意识到。

我的经历和故事里的那头大象很像。我曾是深陷战争旋涡中的无助孩子，成年后的我虽然不再那么无助，却仍生活在过去的阴影中。然而，早年的我无法辨明这一点。

疗愈的一部分便在于你意识到自己的存在是安全的，展示真实的自我是安全的。我有自主权，我有力量。我的感受、思维、愿望和需求都是重要的。我不是一连串痛苦经历的结果，是众多选择的积累塑造了今天的我。现在，真正威胁到我存在的，只有我自身的迷失。

当我意识到这一点，开始用全新的眼光看待生活时，才开始拒绝把生活定义为表演。我追求的是真实的生活。觉醒带我通往自由，行动则让我摆脱了束缚。觉醒是一切的开端，为行动提供方向，但要做到并不那么容易。当时，我身边最亲近的人几乎都是那场战争的幸存者，可他们都以自己的方式将战争带来的伤害合理化了，以至于直到我二十几岁，才开始意识到那给我留下了深刻的创伤。

我们必须睁大双眼，认清自己身上发生的一切。觉醒很少偶然发生：如果我们希望理解自我迷失，就需要投入地去探索和面对那些导致自我迷失的经历，了解自己的所作所为是如何助长了这种状态，使我们沦为自我迷失的阶下囚。

自我迷失的起因

自我迷失的背后总有其原因和出发点。人们不会在某个清晨醒来时毫无预兆地放弃自我，至少绝不会有意为之。临床工作中，我注意到以下几个因素通常与自我迷失紧密相连：

1. 生活中的重大变故

生活中发生的某些重大事件有时会成为我们理解和感受自我的障碍。遭遇这些重大的生活变故时，我们可能会面临以下几种情况：

- 开始以痛苦或某个事件定义自己的身份；
- 很难接受经历过这些事件后的自己和从前的自己之间的不同；
- 面临心理健康层面的困难，这些困难使我们感觉无法与自我建立联系，或者对自我感到羞耻。

怎样的事件才能算作改变人生的重大事件？对此我们并没有一个能够一概而论的判断标准，毕竟两个经历了完全相同事情的人，受到的影响可能完全不同。

你能想象我在二十岁出头时所承受的生活中的压力和挣扎，远比作为战争幸存者时的痛苦更深吗？听到我这么说，大多数人都会觉得很惊讶。然而真的是这样。我们实际经历过什么事件，这个事件在别人看上去是大还是小，其实并不是最重要的。我们无法仅就事件本身来评价它，而忽视它所造成的影响。对我来说，战争触发了我最初的自我迷失，但随后，没做好准备便跟错误的对象仓促成婚让这种迷失变得更为深重。对其他人来说，这个事件可能是背井离乡、一次医疗诊断、失去爱人、一段失败的亲密关系，或者是生育等经历（这仅仅是几个简单的例子）。

任何生活中的事件都可能严重到足以中断、扭曲或阻碍我们与自身的联结，使我们难以以自己的真实自我去感受、行动和做出选择。

我曾给一位遭遇妻子出轨的男性提供心理咨询。处理背叛事件本身就很艰难，更令他痛苦的是，他将婚姻关系以及丈夫和父亲的角色当作了自我认同的核心。看到妻子和另一个男人在一起，他的自我也完全坍塌了[1]：

眼睁睁地看着婚姻和家庭分崩离析，让我感到很迷茫。生活的框架倒塌了，我一下失去了衡量自我价值的所有准则。我震惊、困惑、愤怒，感觉到背叛……而且非常、非常焦虑：这到底是怎么回事？

有些夜晚，我会躺在床上尖叫，因为我确信自己的整个生活已经毁了……至少，那时的我是这么想的。我不确定自己是不是

1　本章引用均来自我硕士阶段为了研究"道德伤害"（moral injury）所进行的一系列采访，研究主题之一便是"自我疏离"（self-estrangement）。

还有自我意识。我当时的感觉是（深深的停顿），世界完全是灰暗的，我就像死了一样。一切都结束了。

即使过去了很多年，他仍沉浸在妻子不忠带来的痛苦中，没办法接受未来潜藏的种种可能，被困在了自己心中划定的界限与既定的现实中。这导致了他与自我之间关系的割裂，痛苦已经成了他自我认知的一部分。

我的生活叙事变成了：我是个受害者，我遭受了背叛，我像傻子一样任由这一切发生。我就是个天真的蠢货。现在我快七十岁了，回望自己的生活——那些岁月、许多关系、做出的选择，特别是过去的十几年……（叹息）我简直像个傻瓜。

一些特定事件会夺去我们在自我探索过程中已经确立的重要角色，另一些事件，比如成为父母，则会给我们带来新的角色。对某些人来说，这样的变化能够被自然而然地融入他们原本的自我中去。但对另一些人而言，却是不小的困扰。比如在这些人看来，父母的角色似乎是一项强加的任务，与他们的想法、感受甚至过往的生活充满了冲突，这让他们很难在当前的身份和成为父母之前的自己之间找到一种平衡。

最近我刷到一个视频，里面的女性表达了她对"母亲不是一个身份"这一观点的不满。她说，自从九个月前有了自己的孩子之后，她生活中的一切都围绕着孩子，再也没有为自己做过任何一件事。所以，母亲怎么能不是她的身份呢？我理解她的感受。对她而言，母亲的角色定义了她在当下的全部，不仅是她自我认同的唯一方式，也许还是她日常生活反馈给她的唯一身份。要将我们的角色和身份区分开来是一件非常困难的事。身份构成了我们的本质，而角色对我们的行为提出要求。当然，二者也是有关联的，我们的所作所为必然影响着我们是谁。对许多女性来说，在母亲这个特定角色之外寻找自我是个很难的课题，也会因此感到压力和恐惧，进而导致自我迷失。而对另一些女性来说，成为母亲可能是一种解放，是实现自我的方式，为她们的生活赋予了新的意义，提供了表达自我的新途径。

我的另一位来访者讲述了她因自己出轨而经历的迷茫：

这段经历彻底动摇了我对自己的信念，暴露了我内心的脆弱和不可靠。我突然意识到自己并不完美，也不像他人眼中的那样优秀。这件事之后我完全跌下了神坛。最让我震惊的是，我竟然会自愿并且有意识地做出违背基本道德原则的事来。这种认识太让人痛苦了。原来我跟所有人一样平凡。

和很多来访者一样，我也在生活中到达过迷茫的顶峰。那时，我第一次切身感受到被心理问题困扰的痛苦，并为此感到羞愧：一名正在受训的心理咨询师怎么可以惊恐发作，甚至还让解离的症状发生在自己身上呢？走在前往治疗室的路上，我的内心充满焦虑。我感受不到自己的身体，感受不到脚踩地面的触感，与自我的失联已经彻底体现在身体层面。

然而，直面这样的自我和人性在我们身上的体现是走出迷茫的唯一方式。在新冠疫情期间，我们许多人由于生命受到威胁而经历一系列身份危机。日常生活发生巨大变化，可供选择的可能性变少了。我们无法在办公室工作，无法旅行、庆祝或者在酒吧喝酒。许多人失去了工作，失去了亲人。那些习惯于被职业和社交身份绑架的人，开始因为无法维持这些身份而感到迷茫。

与此同时，新冠疫情也带来社会层面的某种大面积觉醒。这是一个承认并重新评估我们与自己之间关系的契机。我们被封锁在家中、只能与自己为伴的经历，以一种毫不留情的方式让我们清楚地看到自己是如何被外在事物或他人影响的。这个过程剥离了那些附加在我们身上的期望、无意识的习惯和干扰，让我们意识到，长久以来，我们或许并未与内在的自我保持和谐与一致的关系。很多人可能在不经意间，首次切身感受到了自我迷失。

2. 规则与根深蒂固的习惯

咨询刚开始，卡米拉就掏出手机。她看着我，说有一条关于家里的短信想读给我听。我静静等待着，完全不知道今天咨询的主题会是什么。她清了清喉咙，开始读道："家规第一条，所有子女必须谨慎使用自己的身体，禁止发生任何性关系；家规第二条，子女们在任何情况下都无权对父母的决定提出任何质疑；家规第三条，子女们有责任向父母报告其他兄弟姐妹对父母隐藏的任何事情；家规第四条，家庭对所有人来说必须是最重要的；家规第五条，禁止文身和穿孔；家规第六条，严禁咖啡因、酒精和糖的摄入；家规第七条，必须参加周日祷告；家规第八条……"

这位来访者是一位三十多岁的律师。独立而事业有成的她告诉我，这条短信是家规的最新版本，拟定者是她的父亲，每个家庭成员都必须回应，以表尊敬。任何违反规定的行为都会受到"禁止参加任何家庭活动"的惩罚。而她母亲是第一个回复表示同意的。

卡米拉读完短信后沉默了一会儿，突然开始啜泣。她感到沮丧，不知如何在家庭期待和个人生活之间找到平衡。她感到自己被拉扯向不同的方向，无法调和这么多背道而驰的观念。她不可能让所有人都高兴，这一切已经快把她压垮了。

卡米拉的遭遇说明我们对自我的理解总是受到各种规则和成长环境的影响。如果成长环境过分严苛，个体往往就很少有进行表达、成为自我的空间，这样长大的个体就总是挣扎于真正理解自己。如果从小受到的教育不允许个体与家庭期望不符的方式存在（否则就面临着被排斥和抛弃），个体或许就只能在家庭的认同中寻找自我。

大多数人可能从来没遇到过这样的家规，但几乎每个人都或多或少感受过类似的约束。这些来自家庭的约束如何塑造了你对自我的理解？哪些规则与你体验的自我相互背离？最重要的是，你把哪些约束接纳到了自我信念之中（如果有的话）？

很多时候，身为成年人的父母也并无清晰的自我意识。在父母身边长大的我们，往往会在无意中复制他们的行为模式。如果父母都没能以身作则，向我们展示自由、责任、选择以及真实的价值，我们又怎么能自然而然地知道该怎么做呢？

原生家庭是既定的，无法改变。而自我迷失的解药则在于意识到自身的可能性，以及来自原生家庭的哪些模式是我们希望打破的。

3. 在关系中背叛自己

美国存在主义心理学家及作家罗洛·梅曾写道："如果你不表达自己创造性的见解，不倾听内心的声音，就是在背叛自己。""自我背叛"是指我们将某人或某物置于自我之上，优先于外在而不是自己的内心。这无关日常小事的妥协，比如选择乘坐哪班地铁或去哪家餐厅用餐，而是在定义自我身份的重大问题上做出让步。自我背叛常用于描述个体为了迎合他人、工作或感情关系而压抑自身的需求、想法或感受的现象，而不是一种诊断结果。

存在主义分析提出一个核心问题："在违背自我时，我失去的是什么？"

答案是："是我。我失去了自己。我变成了自己的陌生人。"

有时，为了取悦他人或错误地尝试挽留某人，我们可能会自愿做出一些伤害自己的极端选择。然而，这种试图拥有某人或试图避免孤独的努力往往会使我们失去自我。法国作家及诺贝尔文学奖获得者安德烈·纪德曾写道："许多人因为害怕发现自己是孤独的——正是这件事让他们痛苦——所以宁愿不去寻找真正的自己。"

自我背叛导致我们不再关注自己，转而向外部寻求价值和认同。这种变化往往是潜移默化的，不易立刻被察觉。它一开始可能只是一个微小的行动，比如对本想拒绝的事情说"是"。但这很快就会发展成习惯性地揣度他人，按照他人的期待为人处世，而非优先自己的需求。行动最终决定了我们将成为哪种人，也正因如此，它是我们与当下自我关系的反映。

有来访者告诉我，他们生活中的某人"不配"得到他们的真诚。而我的回答总是一样的："你觉得谁配得到你的真诚呢？"这个问题常常伴随着长时间的沉默与思考，或者是一个狡黠或恼怒的微笑。

当然，保持真诚不仅有助于我们与周围人建立健康的关系，也是与自己建立健康关系的基石。

人们很容易为了别人牺牲自己的本真。根据我在职业生涯中的观察和研究，发现自我背叛最常出现在浪漫关系中，其次是家庭关系中。具体表现形式包括：

- 尝试变成伴侣希望的样子；
- 否认关系中的问题，即使这些问题对自己造成了伤害；
- 因为担心威胁到关系而保持沉默或不表达自己的意见；
- 为了取悦伴侣勉强发生亲密关系；
- 接受的低于自己应得的；
- 妥协自己的信念和价值；

- 不直接表达自己的需求；

- 为了让伴侣高兴而做出越过底线的事情；

- 为了保持关系和平而撒谎；

- 为了让对方感觉好而故意贬低自己；

- 牺牲自己的自主权；

- 做出不尊重或者羞辱自己的行为；

- 只关注满足对方的需求而忽略了自己的；

- 忽视与自我的关系，因为将所有的时间和精力都投入到对方身上。

　　许多来访者都希望拥有良好的人际关系。但当来访者似乎仅仅是因为某一段关系或者某个人生选择进行心理咨询时，我其实会更好奇他们和自己的关系是什么样的。

　　我与娜奥米的咨询关系已经持续多年。她是一个温柔体贴并且有趣的 80 后，却一直在没有安全感、边界设定、自我关怀等问题中挣扎。她害怕失去自己的伴侣，害怕独自一人。无论不健康的关系变得多么困难、多么令她身心疲惫，她都没有考虑过结束和离开。娜奥米没有意识到自己的价值，不相信自己值得更好的爱，也不相信有人愿意会给她更好的。结果，她的伴侣多次背叛她，甚至不愿意花力气隐瞒。他随意挥霍两人的共同积蓄，经常突然失联好几天且不告知去向，从不将她介绍给自己的朋友，而且对身体接触几乎没有任何兴趣。

　　娜奥米花了好多年才认识到，留在这段关系中是一种对自己的背叛。随着时间的推移，她逐渐明白，无论她付出多少努力去扮演完美伴侣，试图赢得他的关注和爱，他也永远无法给她想要的。娜奥米付出得太多，却几乎不要求任何回报。这种没有界限的付出和忠诚，实际上是一种自我背叛。

除了想要挽留生命中的某些人，以下几个原因也可能导致我们做出违背自己意愿的选择：

- 缺乏自我觉察；
- 被诱惑、腐化、强迫或者施压；
- 出于某种责任感（基于忠诚、道德感或者信仰结构）。

有时，这些原因会交织在一起。

约拿在研究生毕业那天收到女友的最后通牒：要么结婚，要么分手。按他的说法，结婚是一个"理性"的选择，而非出于爱情（我们都知道，内心认同靠的不只是理性）。当我询问他为什么决定结婚时，他说一方面是出于责任感，另一方面是出于对孤独的恐惧。这些加在一起超过了他对她和这段关系的真实感受。我对他所承担起的责任表达了尊重。

但我觉得背叛了自己。回头来看，如果我当时能对自己完全诚实，我可能会做完全不同的选择，而不是出于对他人的好意而抉择。如果那时我更坦诚一点，也许我们并不应该结婚。我感觉自己是出于责任而跟她结婚的。而跟保护她相比，自己的感受好像是第二位……当时的我觉得那是个理智的决定。虽然我并不百分之百觉得是对的决定，但它似乎是我该做的事。

自我背叛是非本真的一种表现。重要的或许是询问自己："当我无法对自己所做的事表示认同时，我的感受是什么样的？"换句话说，当我出于某种"正确性"或道德立场被迫去做某事时，感觉如何？

根据我的咨询经验，人们往往会出现以下这些感受：

- 感觉被控制而非掌控局面（或被一个外在力量所控制）；
- 缺乏当下的存在感；
- 空虚；
- 虚度时光；
- 在行动中失去与自我的联系。

无论是参加家庭聚会、周末加班，还是对一个冒犯人的笑话敷衍地报以假笑，无法在内心给予肯定的行为会使我们与自己逐渐疏远。自我背叛最伤人的地方往往在于，我们自己其实就是始作俑者。

4. 迷失的渴望

最后，自我迷失有时源于我们对迷失本身的渴望。一段能够允许真实自我存在的关系的确可以让人感到安全、充实和解放，但也困难极了。有些人并不愿意承担自我的重担，而最终选择在自我欺骗、无视现实或某种表演里寻求安慰。他们厌恶改变，认为生活本质上荒谬而无意义，因此认为自由、选择和责任带来的好处不值得去追求，宁愿选择虚无主义所提供的满足感或者迷失带来的慰藉。

角色扮演的陷阱

直到在加利福尼亚经历了惊恐发作，我才意识到自己的生活中发生了什么。每次一走进心理咨询师办公室，我都感到下巴放松，肩膀的紧绷感也完全消失了。对当时的我来说，那是一种罕见的安全感。从陷进沙发的那一瞬起，我就开始倾诉，把独处时感受到的难以自治的思绪一股脑儿地说了出来。在每周接受治疗的那一小时里，我允许自己全然地交出自己，虽然有时那会让我觉得似乎失去了控制。

其实，变得柔软并不意味着失控。相反，它有助于我们消除对于控制的幻觉，进而以好奇和开放的态度应对生活的挑战和要求。为了直面自我迷失，并探索这种情况的成因以及我们在其中所扮演的角色，需要做到以下几个方面：

1. 自我觉察

自我觉察经常通过反思和回顾实现，能帮助我们认识和理解自我是如何在世界中存在的。这要求我们持续观察自己的情绪、想法和行为，从而对生活、关系以及自我有更清晰的把握。自我觉察使我们与自身的独特性相遇。我们不仅要对意识中的积极因素保有觉察，也要直面错误、困难、挑战以及挣扎。当代美国心理学家、存在主义心理治疗代表人物欧文·亚隆认为"绝望是自我觉察的代价。深刻地审视生活，你总会发现绝望"。为什么？因为存在本身就伴随着绝望，而觉察总会将这种绝望暴露出来。这就是为什么很多人会选择否认迷失，或者对自己在困境中所扮演的角色视而不见，因为直面真相实在是一件很痛苦的事。

2. 诚实

与自我相遇的关键在于坦诚面对自己的所见所感。我们不仅需要对自我进行诚实的反思，还必须对所有关于自己的事物保持真实。这种真诚的练习让我们勇于面对真相，哪怕它可能让我们感到不适。

我们必须停止在受到伤害之后假装什么事都没发生；我们必须停止压抑自己真实的欲望；我们必须停止假装自己的所作所为没有后果；我们必须停止假装我们对自己的生活没有责任；我们必须停止假装我们没有选择的自由——无论这自由有多大或多小。是时候停止伪装，开始诚实地面对生活了。

3. 安全

亚隆提出过一个引人深思的问题："我能承受多少真相呢？"

只有主动选择诚实，我们才能担负它的重量。如果我们没有主动选择真相，那么真相就可能削弱甚至毁灭我们，成为我们无法承受的负担。

然而，只有当我们感到足够安全的时候，才有能力与真相共存。比起假装勇敢，不如尝试寻找增强安全感的方法。当我们缺乏安全感时，常常需要通过控制一切来避免可能发生的威胁。我也有过这样的经历，是心理咨询师帮助我稳定情绪，慢慢建立起较为稳定的自我认同，让我面对现实时不会再那么崩溃。我花了很多时间来学习放松的艺术，在这个过程中我逐渐意识到，松弛感和失控之间的界限正是安全感。

在临床实践中，我发现随着时间的推移，来访者会更愿意接受他们的真相。而这种接受的程度与他们对自己的亲密感、安全感和信任程度直接相关。因此，在探索自我迷失的过程中，耐心也是必不可少的。

我曾经接待过一个名为泰勒的来访者，谈话中我能感受到她有很坚固的防御机制。尽管泰勒有着显而易见的童年创伤，对此她却始终避而不提。虽然提问很简单，但我选择了不问。很久之后，泰勒终于验证了我的猜测，分享了一个关于童年创伤的痛苦回忆。作为心理咨询师，我的任务是永远不在来访者能承受真相之前强迫他们去面对，而是帮助他们在自信中成长，并最终拥有足够的安全感去选择面对现实。说到底，作为唯一能够确认自己到底能承受多少的人，我们需要找到自己的节奏。

安全感和信任无法剥离，缺少其中一个，另一个也就无法存在。人生中的许多事件都在挑战我们的"基本信任"(fundamental trust)。作为存在主义分析的一个术语,基本信任指的是自我存在的独一无二的根基。失去了这种根基,我们就无法真正地生活。这种根基帮助我们相信自己有能力存在,有能力完整且真实地生活在这个世界上。无论经历什么、做了什么,或者发生了什么,我们都必须面对一个问题:是什么构成了我们的基本信任?这个问题通常有三个答案:

- 我和我的生活;
- 某个人或某件事;
- 上帝或某种强大、有秩序的组织原则。

最终,坚实的基本信任会创造一种内在的安全感,这对于练习自我察觉和真实面对自己至关重要。基本信任使我们有能力承认自己在自我迷失时应当承担的责任。在自我迷失的过程中,我们可能会扮演三种角色。

第一种,受害者。某人的自我迷失是由一系列超出个人控制范围的事件(如创伤)引起的,那么他可能视自己为受害者。然而,我不认为个体会长期处于自我迷失的受害者状态,因为这意味着他被永久地剥夺了为自己负责的机会。

第二种,行动者。自我迷失是由个体自己的选择(如自我背叛)导致的。

第三种,两种身份兼而有之:个体经受了不受自己控制的外部事件，同时他自己的选择也加剧了自我迷失。

事实上，大多数人都属于第三种情况。

我与每位来访者的初次会面都会以一个名为"生命线"的练习开始。这个练习的目的是帮助他们观察和体验自我（或自我的缺乏）。练习方法非常简单，我会请来访者回顾并分享他们从出生到现在生命中发生的重大事件（听起来很简单，实际上并非如此）。这些经历并不一定非得是"客观上"重要的，关键在于它们对当事人的重要性。我听过各种故事，从饿着肚子上床睡觉到和父亲一起游泳的快乐回忆。并不是事件本身，而是人们赋予这些事件的意义塑造了他们自我的模样。

想试试这个有趣的练习吗？拿出一张纸，画一条长长的横线。线的一端标记为"起点"，另一端标记你目前的年龄。每想到一个重要的生活事件，就在适当的位置画一条竖线（向上或向下，取决于事件是积极还是消极的），标记这件事发生的年份，用一个词来描述它，接着用另一个词概括这个事件的影响和你的感受。

这个练习提供了一个珍贵的机会，让你得以反思自己的存在、行为模式、人际关系、复原力、经历的痛苦和所有重要的时刻。练习结束后看看自己有什么变化，对自己是否有了更深刻的理解。也许你会暂时感到有些迷茫，这是正常的，因为你可能还没完全意识到这些经历是如何一步步塑造了今天的你。再花点时间回顾那些大大小小的事件吧，你会察觉到更多。

生命线案例

积极事件

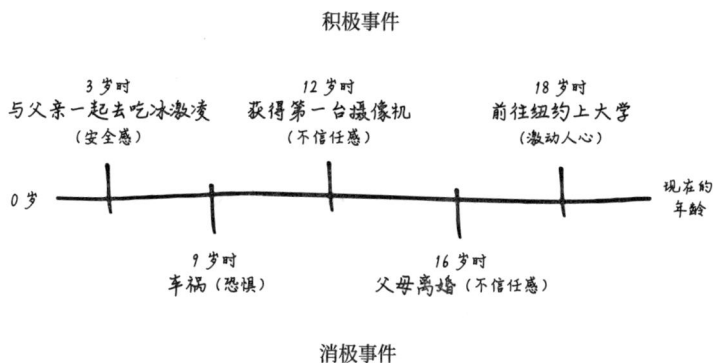

```
        3岁时                  12岁时                         18岁时
   与父亲一起去吃冰激凌      获得第一台摄像机                前往纽约上大学
        (安全感)              (不信任感)                    (激动人心)

                                                                        现在的
  0岁 ──────┬──────┬──────────┬──────────────┬──────┬──────         年龄

              9岁时                        16岁时
            车祸 (恐惧)                  父母离婚 (不信任感)
```

消极事件

书写自己的叙事

谈到这里，让我再次借用一个流行爱情电影的片段做素材。这次是由凯特·温斯莱特和卡梅隆·迪亚兹主演的电影《恋爱假期》。在下面这个片段里，艾丽丝（由温斯莱特饰演，一个在无法得到回应的爱情中挣扎的女主角）与她的新朋友亚瑟（一位大约九十岁的著名编剧）讨论她的生活。

亚瑟：艾丽丝，电影里总有女主角，女主角身边总有一个最好的朋友。我一眼就能看出你是个女主角。但不知道为什么，你总是在扮演那个好朋友的角色。

艾丽丝：你说得太对了，我应该是自己人生的女主角。天哪！亚瑟，我看心理医生快三年了，她从来没有像你这样解释得这么好。你说得很直白，太棒了！

你知道自己人生的主角是谁吗？

想象假如你看的是一部没有明确主角的电影，理解剧情、背景和核心主旨将是多么困难。同样，在生活中，如果我们未能真正与自己建立深刻的联系，如果我们不能把自己独一无二的人生视作一部充满意义的电影，并在其中担任主角，我们就很难理解自己的行为、决定和情感的深层含义。

做自己人生的主人公，书写自己的人生故事，并不意味着要以自我为中心。重点在于自我觉察，并通过行动，将自我觉察转化为自我认同。

我记得自己曾在开始接受心理治疗一年后，弓着身子，手里捏着日记本，痛哭流涕。我不明白自己究竟出了什么问题，为什么还是没有"被治愈"。明明我已经做了所有看起来应该做的事：结束了不幸的婚姻、开始接受心理治疗、写日记、旅行。我尝试了所有能想到的改变，但为何我仍然感到受伤？为何我还是如此迷茫？

当时的我急于摆脱所有痛苦，不断"纠正"自己犯下的重大错误，却没有真正理解和接纳自己的内心。回过头看，那时我真的很渴望认识自己，却又希望能与自己保持某种安全距离——这是不可能的。我以为自己的"功课"行将结束，其实那一切只是开始（那时的我并不知道，人生的功课是永无止境的）。

然而，重建与自己的关系的努力永远不会是徒劳的。在黑暗中摸索的过程非常宝贵，它很重要，这些时间不会白费。学习作为自己去生活既是功课，也是目标本身。

　　也许你曾试图通过听取别人的意见或取悦他人来培养自我意识；也许你曾知道自己是谁，但在生活的旅途中逐渐走丢了；也许你经历的一些事让你像是换了一个人；也许你从未真正有机会发现自己是谁，或者从未真正在意过这点……无论你为什么陷入自我迷失的泥潭，都可以采取行动，做些什么。

　　总有一些令人受到鼓舞的发现。例如意识到从前的自我是自己一手打造的（即使它不再符合我们对未来的期望），而这意味着我们有能力塑造未来的方向。

　　生活当然不仅仅是一场独角戏。但我想让你知道，你可以为自己着想、以自己为重、去爱你自己。我也想让你明白，除了这么做，没有其他方式可以真正地存在。

>> 严峻现实

如果你不诚实地面对自己，不去了解自己是如何一步步走到今天的，你将永远无法改写自己的故事。

>> 温柔提醒

成为自己人生的主人公。

Chapter 5   群体如何令我质疑自己?

　　萨姆第一次来访时，还不满四十岁。虽然她内心承受着巨大的痛苦，表面却很难看出来。在最初的几次心理咨询中，她表现得像一个完美来访者——总是准时到场、热情地与我打招呼、按时完成家庭作业，并用清晰明确的语言阐述自己的观点。她完美到让我开始怀疑这是否只是一种表演。我并不怀疑她的诚意，但确实担心她是否在努力模仿或扮演一个所谓完美来访者的形象。

　　在最初的几次咨询中，我发现萨姆常常会在哭泣或爆粗口时道歉。她似乎担心这些行为"不太合适"。我开始好奇，是什么样的期望和原则在指导着她的生活方式、人际关系，以及最重要的，她对自我的看法是什么。

　　心理咨询的独特之处在于，它提供了一个特殊的空间。在这里，来访者会无意中重复或镜像展现他们与他人的关系模式。这个过程让心理咨询师逐渐理解来访者是如何与人相处以及体验内心世界的。就萨姆而言，我感到她来咨询时带了一整套"剧本"，而这些剧本也反映了她在生活中与他人的所有互动方式。

尽管无法完全确定，但我知道自己看到的并不是真实的萨姆，而只是她认为自己应该扮演的角色。当我们开始聊到她的成长经历时，我逐渐发现了其中严苛的文化和宗教框架。和其他品质相比，她的养父母强调服从和无私至高无上的地位。从某种程度来说，这两个主导她生活的原则同时也摧毁了她。萨姆的整个剧本的指导原则都源于一个具体而不幸的命令：要做一个"好女孩"。

对她来说，这意味着只有当她有用、被需要或被渴求时，她才有价值。她被教育要明确自己的价值，却同时被告知在自我价值受到侵犯时要保持沉默。她被要求微笑，隐藏自己的伤痛、情感甚至力量。她被教导付出总应该大于回报。她以满足他人需求的方式存在。她被要求既吸引人又天真无邪，性感却不放荡。她学会了要为别人提供快乐，而不是追求自己想获得的。她被期望取得许多成就，并且不能炫耀。（因为骄傲是不可取的！）她总是保持得体——比如拥有时下最受欢迎和认可的体态。她被要求自信，但不能对他人造成威胁。她礼貌、妥帖、受过良好的高等教育，同时也被要求对自己的想法只字不提。她从不质疑或反驳他人的观点。并且，最重要的是，作为一个"好女孩"，她得按照别人期望的去做。

即使在三十岁结婚并生养了三个孩子后，萨姆仍然遵循着这些原则。这是因为顺从没有截止日期：没有一个特定的年龄让人从中解脱，就此获得自由。来自同伴的压力和期待伴随着我们一生，只不过它们在不同的人生阶段有着不同的表现形式。

萨姆从满足这些社会期待中获得成就感，并短暂地体验到被接纳的感觉。但直到某一天意识到这种被接纳是非本真的，她才发觉自己在无意中放弃了责任、选择和力量。

咨询进行了一年后的某天，萨姆兴高采烈地冲进咨询室大声说："你一定会为我感到骄傲！"我很好奇这次"好女孩"要说什么。"我设立了自己的第一个底线！有生以来第一次！我已经三十九岁了，在今天之前我从未为自己设定过任何界限！"

她没说错，我为她感到无比自豪。

她的老板要求她承担不属于她工作范围的任务，并且要求她在工作时间之外参加会议，而她却从未因此获得应得的加班报酬。过去的她会毫不犹豫答应这些要求，但就在那一天，她对老板说："我的工作量已经很大了。我不能在今晚七点参加会议。"令她惊讶的是，世界并没有因此毁灭。

在此之后，她开始质疑"好女孩"中的"好"到底意味着什么——"好"是她的家人对她的形容，也是社会给她贴的标签。她开始质疑为什么自己从小只会毫无思考地选择服从（尤其是对父权制度言听计从）时才会获得奖励；到底是谁在决定她应该成为哪种人；她生而为人的自由何在；她到底是失去了自由，还是只是没有去使用它；她是如何无知无觉地融入了社会中的"常人"（the they）。

萨姆绝不是个例外。海德格尔曾描述过一种现象，即"常人"在社会中丧失了自我。如果我们足够留意，就会发现品牌、机构包括家庭等组织，常常试图将我们从做决定中"解放"出来。在某个时刻，我们甚至会发现自己已经无法确认到底是谁在为自己做决定，自己是怎么走到今天这一步的。这真的是我想要的吗？我是我应该有的样貌吗？个体很容易被社会的洪流裹挟，将自主权交付出去，继而陷入一种更深层的非本真状态（或者更糟糕地，迷失了自我）。海德格尔写道："这个过程是可逆的……但必须伴随着对不选择的补救。"

换句话说，在当今社会中，人们可能不再会感到自己有责任去选择成为什么样的人。有些事似乎已经"决定"好了。因为不作为，我们任由社会去塑造自己。社会默许我们活在非本真的状态里，而这也加剧了个体的迷失。一旦意识到"自我"与"常人"的区别，积极参与塑造自我的过程，我们就有希望成为真实的自己。

大多数人都希望别人，即"常人"能够成为我们的支持系统，结果往往令人失望，我们甚至会因此感到被周围的人背叛。如今，我们竭尽全力试图清除被灌输到脑海中的教条。残酷的事实是：每个人都是社会中"常人"的一部分。我们每个人都曾作为"常人"对其他人产生过作用，我们的行为不仅塑造了自己，也对周围的人产生了实际影响。我们都曾经教导过别人，或者试图向别人灌输过某些观点，而这些观念有时也是需要清理的。

社会设定了一些普遍的标准，虽然这些标准往往与我们自身并不契合，但不管是为了能够融入社会，还是只是懒得花时间去找到真正适合自己的东西（有时还会将这个课题抛给下一代），人们往往倾向于对这些社会标准全盘接受。对萨姆来说，最困难的部分是认识到，是她自身的"内部闭环"和社会大环境共同导致了她的自我迷失。为了成为符合期待的那个人，她没有让她的父母承担应负的责任，而是帮助他们延续了一套僵化的教育叙事（她从未构建过属于自己的叙事）；她的父母通过她的天赋、无私和才能来改善自己的生活（她被教导活着最重要的就是让他们的生活变得更舒适）。

她是他们依赖却从未花时间去了解的人。

萨姆不是个案。我们中的许多人都戴着不同版本的"好人"面具，而不是作为真正的自己活着。我们被框定为好女孩、好邻居、好信徒、好员工、好学生、好儿子、好女儿、好母亲、好父亲，等等。这意味着如果我们失败、拒绝服从，或者无法满足种种期待，就会被看作是"坏的"；而当我们服从或者配合表演时，就会被看作是"好的"。危险的是，我们自己也会潜移默化地内化这些道德标签。

在一个并不是为真实个体而设立的系统中，个体很容易成为道德和社会的牺牲品。这种现象从我们很小的时候就开始了。大多数人在孩童时期，在有机会真正认识自我之前就被告知"错了"，或需要"改变"。当我们探索、表达并试探边界时，就会被定义为"坏的"。从一开始，选择就只有两个：服从，或者被否认。

请不要误解我的意思，渴望被认可是很正常的事，并不羞耻。但选择从谁那里去获得认可，是魔力之所在，也是自由之所在。

拥有自我的前提条件

罗洛·梅曾写道:"每个个体都必须在某一刻挑战文化。在那一刻,他说,'这就是我,让这个世界见鬼去吧'。"

这是一个充满诱惑却不太现实的想法。虽然我们不能屈服于社会所推崇的非本真自我,却也不能完全忽视它。

存在主义分析将自我视为内部与外部的两个极点("镜像")。个体对自我的看法很重要。"内部极点"(inner pole)反映了我们如何体验自我,也负责评估外部反应是否准确地与对自己的评估相吻合。"外部极点"(outer pole)则展示了自我如何通过人际关系和成果反馈对自我进行新一轮的反思,继而对外部反应是否符合自我期待产生新的理解。这是一个循环。缺失了外部极点,我们就会变得自满、傲慢,甚至产生自恋倾向;而没有了内部极点,我们就会迷失。就像朗格尔在一次课上说的:"我们都需要一面镜子来看到自己是谁,但是如果镜面扭曲,会发生什么呢?"

想象你正在为一个重要的场合做准备。离开家门时,你感到舒适、自信,暗暗期待别人见到你时的所思所想。然而到了地方,你立刻发现没有人愿意和你有眼神交流。所有人都匆匆与你擦肩而过,尴尬地盯着你,甚至有时会偷笑。你悄悄打量自己,衣服似乎没什么问题。几分钟后,一个孩子跑向你,天真地问:"你为什么要穿成这样啊?太好笑了。"你惊恐地逃往洗手间,站在全身镜前。看不见别人眼中自己模样的你鼓起勇气,询问旁边明显在对你评头论足的人自己穿的到底是什么。这个人上下打量了你一番，然后带着不屑说："一身小丑服。"

如果我们真诚地行动，却不被接受，那该怎么办？如果我们看待自己的方式与别人看待我们的方式不同，会发生什么？这种不一致威胁着我们对自己身份的理解，让我们怀疑自己的感知。在最糟糕的情况下，这会使我们按照他人看待我们的样子去行动。你看见了一个小丑，那我就来当一个小丑。因为他人不断要求、反馈并对非本真的我们做出积极的反应，我们对真实自我的寻找和构建就会变得更加困难。如果我们的导师、长辈或社群对我们该成为什么样的人有一个固化的想法，那该怎么办呢？

在不同的人生领域，这些要求可能听起来是这样的：

- 家庭：做你自己，但不能离经叛道，要遵守家规；
- 权威：做你自己，要敢于"跳出框架思考"，但不能质疑权威；
- 品牌：做你自己，但只能用特定的方式（购买我们的产品，或接受我们的观点）；
- 朋友：做你自己，但要合群；
- 社群：做你自己，但不要引起不安或者挑起事端。

然而，自我迷失的危险不仅在于个体对自己是谁完全缺乏了解。海德格尔曾说："错误的阐释和误解对本真认识造成的阻碍远远大于单纯的无知。"

日常生活中埋藏着很多理解自我的契机或误读自我的陷阱。人类拥有一种无与伦比且令人费解的能力，那就是为了讨好家庭、社群和亲密关系对象，或者为了在特定情境中满足他人的需求和要求而对自己进行改造、伪装和变形。由于我们具有编辑自我的能力，且经常自愿这么做，我们因此制造出了许多内心的困惑。当我们的行为与对自己的认知或者是非观相悖时，我们就会开始质疑自己到底是谁。

理解个体存在的独特性、关联性与意义，并成为真正的自我需要具备三个条件："关注"（attention）、"赏识"（appreciation）和"公正"（justice）。我会在接下来的章节中详细探讨这三个条件。不幸的是，社会通常只会在期望我们成为某种特定的人，而不是一个独特的个体时，才会向我们提供这三种资源。因此，并非所有人都能安全地做自己。社会所提供的关注、赏识和公正并不是针对所有人的，更谈不上公平。

那么，我们如何在这样一个社会结构中成为自己呢？

首先，我们必须在社会中找到一面明镜，即愿意充分了解我们、反映我们真实面貌，并允许我们做自己的人——那些愿意真正看到我们的人。我们有责任选择谁可以对我们产生影响（因为无论好坏，总有人或事会影响我们）。

接下来，我们得愿意从他人那里接受关注、赏识和公正，并将它们给予我们自己。这是最困难的部分。我们必须从内心和外在同时接受它们。与自我的关系将是我们可能拥有的最重要的关系，但这个关系并不是独立于他人存在的。我们有责任选择自己周围的人。借此，我们得以决定自己想拥有谁的关注、赏识和公正，并且能用它们做什么。这比我们的个人好恶重要得多，因为这事关我们如何塑造自己的存在。

让我来展开说说成为自我的三个条件：

1. 关注

我们都需要被看见。被关注，或者被他人注意并肯定，对我们的存在至关重要。如果被剥夺了真正的关注，或者长期被忽视，我们可能会因为任何的外界注意而感到满足。被注意和被关注的区别类似于"看到"和"看见"之间的区别。我们可以看到某物，却不一定把它放在心上或者理解它；"看见"则意味着带着注意力去看，它包含着理解。真正的被关注意味着被肯定、理解，以及作为自己被真正地认识。关注我们的人会以与我们自我认知相契合的方式看待我们，包括我们的缺点、长处和经历。换句话说，只有当一个人与我们的真我相契合，并且对我们的了解能够反映出我们对自我的了解时，我们才获得了真正的关注。（小贴士：如果你难以区分真正的关注与泛泛的注意之间的区别，不要问自己："他们注意我了吗？"而要问："他们了解我是谁吗？我觉得他们了解我吗？"）

通常情况下，"渴望寻求他人关注的人"（attention seeker）并不是真的自我膨胀，而是缺乏明确的自我意识。他们依赖他人来定义并肯定他们的自我。许多人在成长过程中缺乏倾听他们情绪、需求、欲望或经历的人，这导致了一种心理上的匮乏，让他们更倾向于通过竞争的方式获得注意力。我们共同的伤痛创造了一种文化，它迫使我们必须用"有趣"的方式展示自己的不同、痛楚与脆弱，以便在人群中引起注意。

当个体价值的来源不在于自己，而在于能否抓住并保持他人的注意力时，生活在这样的世界里会是多么绝望啊。而且，当我们终于赢得了别人的关注时——这种关注往往来自陌生人，或者仅仅是一个常年不联系的高中同学，或者是在酒吧碰到的某人——这种联结只会带来一瞬间的满足，浅薄，且会带来无休无止的失望循环。

追根究底，我们获得他人理解的唯一方式就是理解自己。责任在我们身上，而正如我一直强调的，这不是简单的事。让自己忙碌成了一种受人尊敬的逃避自我的方式。成为自我要求我们隔绝那些噪声、苛求和期望，静下心来，活在当下。这意味着抵制随时涌现的逃避、忽视、自我麻痹的诱惑。真正的自我关注需要自我感知。它要求我们有意识地去观察，以便能最终完整地体验自己。

我们希望别人以我们看待自己的方式看待我们，但这只有在我们了解自己时才有可能发生。如果我们不了解自己，就会呈现出各种不一致的形象，以碎片化的、投射式的形象出现在他人面前，让别人无法理解。但大多数人都是有什么就拿什么，因为一个拼命寻求注意力的人只是一个需求没有被满足、没有被看到的人。

以社交媒体为例，社交媒体向我们许诺它将填补被看见这一重要的人类需求，并且我们也经常觉得它的确做到了。然而，这种感受是暂时的。社交媒体真正提供的是无数被注意到的机会，它提供的注意通常针对的是个体的外貌、成就或者娱乐价值。基本上，关注我们的只是点头之交或者完全的陌生人。他们注意到你的存在，但并没有真正认识你是谁（坦诚地说，在这种情境下他们也很难做到这点）。社交媒体开始塑造我们，强调我们的某些方面而忽略其他。最终，我们也开始亦步亦趋，进一步模糊自我认知。

在我开设 Instagram 账号之前，曾咨询过一位更早开始经营社交媒体的同行。我得到的建议是找到自己的声音，并深入挖掘。去思考这到底意味着什么是一件有趣但又有点奇怪的事。我的声音到底是什么？越是想要完美地创造它，我就越感到迷惑。

最终，我不再去思考作为心理咨询师的萨拉应该是什么样的，而是自问如何用自己的方式去描述某个时刻、阐释某个现象。我按照自己看到的和理解的去向大众传递信息，不自觉间也向他们介绍了真正的我。这不再是为了自我营销，不再是预设形象，而是我真实的表达。这不再是为了获得关注而打造形象，而是表里如一。

简而言之，问题不再是人们将如何看待我，而是我怎样去体验自我。

我对一次艰难的心理咨询经历记忆犹新。当时来访者厄林坐在我面前，情绪激动，试图谈起一个让她崩溃的旧伤。那是我们多次讨论过的伤痛，而今她终于愿意真正去面对它。她啜泣着，分享了自己不被看见的痛苦，以及自己是如何被家人、朋友、前伴侣，甚至酒吧的陌生人忽视的。我感到困惑，为什么别人看不见她所感受到的，或者，我所看见的？

我们的咨询已经进行了几个月。在这个节点上，尽管我对她的痛苦感同身受，但我发现她习惯在人前藏匿她的感受、观点和存在。我感到她没有真正地表现她自己。我们的谈话大致如下：

厄林：我感觉像个透明人（悄悄地啜泣），没有人看见我，从来没有人看见过我。

我：嗯，这听起来太痛苦了。

厄林：（点头，擦去眼泪）

我：（沉默了几秒钟）我想知道，你真的想被看见吗？

厄林：（有些吃惊，并停顿了很久）嗯……是的，我的意思是，所有人都想被看见吧。

我：（点头）

厄林：（呆呆地目视前方，突然又开始哭起来）也许我不想被看见。不，我不想被看见。

我：你觉得人们会看见什么？或者你怕他们看见什么？

厄林：他们什么也看不见。他们会觉得我什么也不是。

我：嗯，那你呢？你看见了什么？

厄林：我一无是处。

啊，原来所有让我们无法展示自己的恐惧都来源于此。我们不可能在不袒露自己的情况下去期待关注。我们必须表现自己——真实的自己——才能被看见。如果我们担心自己的内心空无一物，就会拼命避免将这种恐惧投射在自己身上。事实是，如果我们看见的是"空无一物"，那么我们就是在忽视或者没有真正地看见自己。被一张由痛苦、否定和失败编织而成的厚网遮蔽了视线，误以为自己是空洞的。

谈论被看见的需求就必须承认这样做的困难。被看见时是脆弱的，冒着被拒绝的风险——这可怕极了！许多人宁可因为我们不是自己而被拒绝，也不愿意因为自己真正是谁而被拒绝。

被真正以你本人的样子看见是什么感觉？以下的一系列问题也许有益于你的反思：

- 你觉得自己需要去争夺注意力吗？如果是，你在和谁竞争？
- 你能感受到被看见和被注意的不同吗？
- 你害怕被看见吗？为什么害怕？为什么不？
- 人们倾向于注意你身上的哪些方面？
- 当你看向自己时，你看见了什么？
- 你想向人展示的是什么？
- 你在哪些方面会得到最多的关注？
- 你试图隐藏自己的哪些方面？
- 谁给了你最多的真正的关注？

2. 赏识

赏识与关注有所不同。赏识是超越简单承认的一步。它不同于肤浅的奉承或一时的感激，不同于被动地赞许某人的价值、贡献或成功，而是一种更为积极的态度，源自对于某人价值的深刻理解和共鸣。存在主义分析中，我们将赏识形容为为某人的积极品质起立鼓掌，是基于确信而采取的行动。

不幸的是，我们通常只会因为自己为他人做了什么而被赏识，而很少因为我们是谁而被赏识。更确切地说，快节奏的社会通常只会认可"有用性"而非人性。这种形式的认可让我们陷入一种变形的危机，使我们不再真实地做自己，将对自我的理解转化为以他人为主的，而不是以自我为主的。我们开始在与他人的比较中，在为他人的服务中，并且在他人的指导下定义自我。当个体相信自己会因为成为某个角色或扮演某种人格而得到奖励和欣赏时，就更倾向于成为他人口中的那个自我。

然而，人们，或者说社会，对我们的要求永远在变。三十年前，社会期待我们二十五岁左右就"应该"已经结婚，有一个被白栅栏围着的房子、稳定的收入、两个孩子（一个男孩和一个女孩），还有一只宠物（最好是一只金毛），如今却并非如此。一夫一妻制曾经是唯一能被接受的关系结构，而现在这种结构几乎可以说已经失宠了。取而代之的是，人们被告知"必须"探索没有任何既定结构的关系。在当下的文化中，与众不同、受欢迎并且在经济上取得成功更容易获得认可。

我们都想得到赏识，所以才会去做符合期待的事，任由模棱两可的标准定义我们。就像理想体形一样，生活方式的潮流也由"常人"统治并制造。虽然无法逃避这些期待，但我们可以选择不去迎合。我们可以选择以自己真实的面貌去寻求认同，而不是通过达到所有的那些标准。

奇怪的是，当前的文化叙事耻于过度关注自我。在实践中，大多数人都在根据别人看待他们的眼光来定义自己。在我看来，他们对自我的关注远远不够。我们难以真正赏识自己，因为接纳自己的全部实在难以承受。正如卡尔·荣格所写："最恐怖的无外乎完全接受自己是谁。"因为这意味着不去隐藏或否认自我的任何部分。遗憾的是，我们没有学习自我接纳的艺术，而是被教导如何从别人那里赢得或买到认同。我们被鼓励"修正"或掩饰自己的"短处"，而不是去练习变得诚实和柔软。

需要说明的是：这并不是说我们不应该寻求外部认同，而是说我们应该追求高于外部认同的内在认同。如果我们为了获得别人的赞赏而改变自己，就是允许他人的观点和感受一次次将我们引向非本真，甚至自我迷失。

区分内部与外部认同的一个重要方式是记录已经内化为自我一部分的社会期待和社会规范，为此，不妨问问自己以下这些问题：

- 我觉得自己"应该"是谁？
- 我被教导了什么关于性别和性的观念？
- 我觉得自己的身体应该是什么样的？为什么？

- 我认为自己在社会中应该扮演的角色是什么？
- 我应该因为什么获得赞扬？又因为什么受到批评？
- 我内化了什么样的渴望？
- 我内化了什么样的恐惧？
- 我如何定义成功？

以下的问题有助于发现属于自己的自我认同叙事：

- 在我的生命中，谁是赏识我的人？
- 我的价值来自何处？
- 我赏识自己吗？
- 我喜欢自己的哪些特质？
- 是什么让我难以赏识自己？

3. 公正

去做真实的自己，去拥抱我们的人性，我们需要被看见、被赏识，并被真诚地对待。公正意味着个体与自我保持一致，把自己当作一回事，公正地对待自己和他人。虽然如今人们开始更多地讨论社会中的不公，却经常忽略自己多么频繁地不公正地对待自己。为什么我们不能像对待别人那样善待和原谅自己？为什么我们总是把自己放在最后，不满足自己的需求而去照顾他人的需求？为什么我们对自己总有不切实际的期待？为什么我们允许所有其他人都是完整的人，却不给自己同样的允许？

也许你因为国籍、肤色、信仰、情感状态、体重、银行账户里的数字，或者因为你的性别和性取向而没有被公正对待。社会找到无数的方法去将不公正合理化，总有一个面目模糊的"常人"在衡量或决定我们的价值，并以此给我们贴上不同的标签。克尔凯郭尔曾有一句名言："你用标签描述我，便是否定我。"贴标签将我们粗暴地简化。一旦被缩减到只剩下某种特质，人们便很难得到关注、赏识和公正。

对很多人来说，不公正来自规训或劝导。我们的长辈可能强调甚或将自我牺牲浪漫化了，灌输了一种对不公正对待的容忍态度。作为一个塞尔维亚女性，我被教导自己的存在是在所有男性"之下"的。并且，我的想法和感受比起长辈来说不那么重要。

对有些人来说，是环境造成了不公正。对于尚处于儿童时期的我，食物匮乏和需要花数个月的时间躲藏在避难所这件事是不公正的；我对于自己的生存和父母的安危抱有恐惧是不公正的；我八岁时的圣诞礼物是一支钢笔，而其他孩子有电子游戏、巧克力、娃娃，还有随便什么他们想要的东西，这也是不公正的。

有时其他人感到不公正的原因正是我们，因此我们必须意识到，自己也是社会中"常人"的一员。也许我们生来拥有的特权和优越感压迫了其他人；也许我们被教导（明里或暗里）因为国籍、肤色、信仰、情感状态、体重、银行账户里的数字或者性别和性取向，理应比其他人获得更好的对待；也许这些特权让我们相信世界上其他人所受的苦是理所应当的；也许我们心安理得地行使着自己的特权，因为觉得公正只为我们而存在。

贯穿历史的各种歧视——种族歧视、性别歧视、阶级歧视，让集体性公正变得极其困难。许多人被错误地对待，甚至没有展示自身价值的机会。然而，当我们无法做到对他人报以尊重时，实际上也丧失了自己作为人的尊严。

遇到阻挠，坚持向前

生活和创造自我本质上是充实且会带来成就感的事，它需要极大的勇气，甚至可以说必须无所畏惧。然而，这种勇气经常会遭遇阻碍、导致孤立、带来伤痛。每一个决定，甚至是真正的决定，都有其代价。这就是为什么我们应当熟悉那些随着成为自己而出现的代价。通常来说，障碍有以下三种：

1. 抵触

人们对于不熟悉、有威胁或可能不那么有益的事物产生抵触心理是一件再正常不过的事，追求舒适性、可预测性和安全感是人类的天性。来自他人的抵触通常并不是恶意或带有操纵性的，而是"自恋者"的一种本能反应。

美国心理学家、人本主义心理学创始人卡尔·罗杰斯将恐惧视为抵触的根源："如果我真的允许自己理解另一个人，也许我就得因为那种理解而发生改变。我们都害怕改变。所以，允许自己去理解另一个人，去完全且有同理心地进入那个人的世界，并不是一件容易的事。"

我们必须承认，做真实的自己可能会对身边的其他人产生影响。自己的本真可能映衬出他人的非本真，或者对他们对待我们的方式提出要求。为了保持关系稳定并避免自我改变，人们可能对真实自我产生抵触。自我意识和自我表达往往伴随着新的界限的建立、对不公平对待的容忍度降低（不再对无礼行为忍气吞声），并且开始对他人有所要求（同时保持现实的态度）。就像变换舞步般，我们在改变关系的本质。如果人们希望继续与我们共舞，他们就必须学会新的舞步。有些人不愿意，有些人会踩到我们的脚，或在一开始感到尴尬。

不必仅仅因为这些阻碍而踟蹰不前，也不必假设那些初期表现出抵触的人真的希望我们继续不真实地生活，或者永远不会接受我们。当我们犹豫不决时，其实是在向他人发出可以讨价还价的信号，然而实际上并没有这种余地。即使是好的改变，也总是伴随着失去和不自在。所以，我们应该给别人时间去悼念之前那个版本的自己和曾经拥有的关系模式。

但是，如果这种抵触持续存在，那可能就是时候跟某些关系说再见了。因为事实是，长时间的抵触就是一种拒绝。

以下是一些表明你正面临来自他人抵触的常见迹象：

- 他们总是不断提醒着你的过去；
- 他们说"你变了"，但不是带着赞扬的口气；

- 他们挑战或侵犯你的新边界；
- 他们持续用不再代表你的标签或形容词来形容你；
- 他们让你对自爱感到愧疚；
- 他们无视或蔑视你的成长；
- 他们将你的自我意识形容为一个"阶段"；
- 他们似乎无法理解你（无论你如何解释）；
- 他们试图告诉你"真正"的你是什么样；
- 他们做出羞辱人的评论，嘲笑你的真诚；
- 他们威胁结束关系。

如果我们曾经妥协过，人们就更容易对我们坚持自我的过程显得抵触。这种对我们底线的试探往往会在他们觉得自己无法更进一步时停止，而且通常情况下，这取决于我们愿意让步多少。我曾经接待过一个来访者，她在说话时明显表现得很紧张，常常满面通红、眼含泪水、呼吸沉重，还会不停地摆弄发绳。当她提到咨询结束之后要去见她的前男友时，这种情绪上的不安便更为明显了。她一直想对他设定一些边界，但一直在积累勇气。在关系中，她没有得到很好的回应，所以担心会再次遭遇类似的反应。在后面的一次咨询中，她告诉我，虽然泪流满面，声音颤抖，但她还是说出了自己的界限，而对方也马上软了下来。有时，人们持续不尊重我们的界限，是因为我们自己没有坚持原则，没有让他们知道这种行为不可接受。

并非所有抵触都可以用这种方式化解，但我们拥有的可能性要比想象中的更多。很多人没有给他人面对我们自主性的机会。我们可能害怕来自他人的抵触或拒绝，但有时候也需要勇敢一点，给那些值得的人一个机会去证明我们的害怕是多余的。

最后，我知道这也许难以接受，但是我们并不理所当然地应该被理解。为了被看见，我们必须袒露自己。敢于展示真实的、毫无伪装的自我意味着必须忍受变得柔软脆弱的不安以及面对拒绝的风险（关系足够安全，或者这个人值得看见我们的脆弱）。永远不要假设其他人会自动理解你，无缝衔接地改变他们的行为方式。有些人会要求我们解释自己——对，不是每个人都值得获得一个解释，但有些人值得你去这么做。这种解释只需要与你们之间关系的特殊程度相匹配，亲密度和安全感自会引导解释的深度。当我们感受到阻力时，就必须与对它视而不见的本能抗争。如果关系要继续下去，共同应对改变就显得至关重要。多点耐心和同情心吧，因为这对他人来说并不容易，对我们来说也是一样。我们要共同进退，或者学会放弃。

我们必须记住，这段旅程并非为别人而存在，也无法依靠他人来完成。如果我们强求依赖他人，那么在自己身上的改变可能无法真正与内心的自我契合，或者我们可能会将责任推卸给那些本不该承担责任的人。这两种情况对我们都没有任何好处。你人生的旅程是关于你，也是为你而存在的。尝试不要在别人不愿意接受你的改变时感到不安。再次强调，被接受不是理所应当的事。在大多数情况下，尤其是在很多人自己都挣扎于接受自我的情况下，这对他人是一个非常大的挑战。

2. 孤立

显然，寻找、创造并表达我们是谁不是一件可以外包的工作。无论家庭和社会支持系统是什么样的，寻找自我的旅程本质上是一段孤独的旅程。他人所能做的最多只是给予我们鼓励，见证我们的旅程，告诉我们自己走了多远，他们看见了什么（以及没看见什么），他们可能并不理解或者能做到与我们感同身受。

这种分离的过程并不总是有意为之或显而易见的。它可能表现为一种微妙的情感差异，比如我们和身边的亲人朋友处于不同的人生阶段，或者世界观有所不同。它可能表现为拒绝一个邀请、不再在朋友的帖子下面点赞，或者，最终不再交往。倘若在街头偶遇，你会说"改天再约啊"，但你们都知道这更像是场面话，并非真实意愿。坦诚地说，一开始这样会让人感到孤独，甚至有些伤心。

当我们开始更谨慎地选择谁可以进入我们的内心世界时，就可能与在之前生命中扮演重要角色的人渐行渐远。朋友或家人可能会抱怨他们不再理解我们，这可能体现为他们会不断提醒我们曾经是什么样子。这也许并不是抵触的信号，而是在诉说一个现实：他们不再理解当下的我们是谁了。

我深深记得惊恐发作后的五年时间里，自己被误解和不被认可的感受。我痛恨那些感受，常常感到非常孤独。周围的人既不理解我的决定，也不对这些决定感到好奇，只是批评。他们指责我离婚，指责我卖掉自己的东西去旅行，指责我重新开始约会（众多人生新决定中的一个）。这些批评非常激烈，也很伤人。最终，有一些真正想理解我的人理解了我。在付出了很大代价之后，我终于明白，只有那些愿意看见我的人才最终会看见我。

这也是为什么我总是在心理咨询时肯定来访者在转化过程中感受到的孤独。当我们的经历不被理解时，会感到被孤立。为自己的自由和存在而战是一项艰巨的任务，而大多数人却并不认可这场战斗的重要性。不必羞于承认，这确实是一个很难的过程，真的太难了！

德国作家赫尔曼·黑塞曾描述过人类追寻真实、认知自我的精神之旅，他将孤独描述为旅途上的威胁，同时也是达到更深层次的自我联结的必经之路。意想不到的是，孤独还创造了与他人更深层次的联结："我们必须经历孤独，深入骨髓的孤独，以此潜入最深层的自我。这条道路充满苦难。然而，当内心的孤独被战胜，我们将不再孤单。因为我们发掘出了自我的内核，它是神，是不可分割之物。突然间，我们在世界中找到了自己，不再被世界的纷繁所困扰。因为在内心深处，我们深知自我与所有存在同一。"

非本真的人难以接纳多样性，兼容或差异的原因也许就在于此。他们未能在世界或普遍的人性中找到自己，这就是为什么他们无法与他人共鸣，以及为什么我们无法与他们达成共识。

3. 哀悼

成长或者其他任何变化都伴随着失去。在寻找自我的旅途中，有许多需要哀悼的时刻：亲密关系的终结、梦想的破灭，以及那些沿路褪去的各种身份。我们也许想要为之前那个选择逃避后果、沉溺于自私地躲避责任而带来安逸的自己哀悼；有时想要怀念那些曾经投入感情的人；有时会为自己曾因逃避痛苦而选择视而不见感到悲伤；有时也会为了之前的信仰、价值观或者道德观而悲痛。

改变是一把双刃剑，一方面代表着失去，另一方面也带来了契机。它是一个让我们重新认识自己，最终与自我相遇的机会，也是一个增进亲密感的时机。在哀悼中，我们能够找到由于迷失而产生的空间。当我们有所准备时，这个空间也许能够让我们被"对"的事物所环绕。

对很多来访者而言，哀悼最痛苦的部分是意识到他们没有为自己的自我做出足够的努力，以及承认很多方面他们都让自己失望了。从某种程度上来说，这是对个体人性的哀悼。虽然可能听上去是一句老生常谈，但"是人都会犯错"。通过这个过程，我们需要哀悼自己对成长不切实际的期待。拥抱本真激动人心，但这个过程不总是令人愉快的。

本真不会将你从生而为人所犯的错里拯救出来。本真不躲避悲伤、不麻痹痛苦，也不将你和你的过去割离。这无关做一个积极的人、过分夸大自身品质，或者强迫性地自爱。本真不是去否定自我的任何部分，相反，一切都是关于你的：它事关感受和经历自我、他人和世界、所有的所有；它事关你的行动，以及如何做选择；它事关如何支配你的时间；它事关接受并温柔地对待感到破碎的部分，正视你的痛楚；它事关拥抱自己、看见自己；它事关成为你想成为的那个人。这是一个逐渐学习去接受并爱你自己的过程，也是一个探索如何与伤痛迎面相对却不被它左右的过程。

即使是必须做出的、令人向往的改变，也只会在我们承受压力或者感到不舒服时才会发生。因为本真就是一个永恒的变化的过程，一段永无止境的成长之旅，它要求我们在痛苦、反复、不确定性以及迷失中学会存在。

决定自己是谁的权力

我们都被自己所在的群体要求以别人能够接受且符合期望的方式去行动和"存在"。许多既定规则是由他人决定的，我们经常因为坚韧、善良、成功、服从、独特、快乐或者吸引人而得到回报。然而，这些特质只有在被视为方便、令人愉悦，或者，不幸地，有利可图的时候才会得到称赞。我们被期待是"有分寸的"（无论这到底意味着什么），以此获得他人的喜爱。而如果"太过分"，就可能给他人带来威胁、不安，激起情绪。最糟糕的是，没有离开社会的选项，因为人必须在社会中存在。所以，最终我们必须运用自己的自由和责任去做让自己骄傲的决定，无论别人的期待和要求是什么样的。

我二十岁前后的生活充满了没有真正看见我的人，他们只会欣赏我的成就或用处，也经常不尊重我。这些人喜欢我邀请他们出去玩或把课堂笔记借给他们。而当我开始对他们的要求说

"不"时，他们就开始抵制这个"新的"我，这种孤立让我害怕极了。但最后我发现，比起试图成为某个我不是的人所带来的痛苦和疲惫，这种恐惧要好受得多。

事实是，虽然抗争会带来短期的不适，但服从这些规范的代价更加沉重。当我有意识地去拥抱自己真实的模样时，体会到的是前所未有的解放感。曾经引起最多抵触（我的敏感、情绪和目标）的特质，如今成了塑造我这个人的独特之处。我逐渐领悟到了一个重要的教训，希望对你也有启迪：他人无权告诉你你是谁，或者你应该成为什么样的人。定义自我，不是他人的责任，而是你自己的责任。

>> 严峻现实

任由他人的期待和认可主导自己的行动，就是在将决定自己是谁的权力拱手相让。

>> 温柔提醒

大胆去成为你心之所向的那个人，为了自己，而不是讨好别人。

Chapter 6 我和他人的界限在哪里？

　　自从九岁那年移民加拿大，我就一直生活在大西洋西北部。得知这件事后，人们往往会依据当地的刻板印象对我做出一些猜测。他们自动地假设我是某种"类型"的人——那种周末会去远足、划皮划艇或露营的人；那种早上喝有机水果奶昔、吃麦片的人；那种日常会穿运动装，或者身着棉麻、羊毛材质衣服的人。他们认为我一定在家打理着一座迷你花园。有些对我感兴趣的人还会臆测我的过去、家庭、收入、政治立场或者信仰，而我很难跟他们讲清楚自己既不是星巴克的死忠粉，也不热衷于独立咖啡馆。

　　所有这些猜测都基于"我在哪里长大"这样一个简单的事实。心灵如何被训练形成这样一种先入为主的运作模式，这真是一件令人着迷的事。有时，目睹人们如何在完全没有我们参与的情况下构建我们的形象，我们会感觉荒谬极了。我花了很长时间才意识到这根本与我无关（嗯，显然是这样），只是他们需要我为他们成为那个人罢了。我是这些人生活中一个需要被归类、标识并最终给出定义的"物体"，只有如此才能减轻他们对未知的焦虑，让他们感觉对这个世界尽在掌握。

很长一段时间里，即使只是一些无关紧要的猜测都足以令我感到困扰。这不仅仅因为它们并不准确，还因为每次当我作为自己出现时，都会让一些人感到失望。我不是他们希望我是的那个人。每当我有需求、愿望或仅仅是珍视对我来说重要的东西时，这些人就会让我意识到我让他们失望了。他们会在"接受"我的存在时通过皱眉或翻白眼的方式让我意识到自己给他们带来了不便。或者，更糟糕的是，用讥讽性的评价羞辱我。"唉，有些人就是觉得自己高高在上，什么都配不上她，可真让人受不了"，或者那句最典型的"要是外国人不喜欢我们做事的方式，他们就应该哪儿来的回哪儿去"。

在这些让人伤心、困惑且极其孤独的经历中，人们的假设和期待没有给我留下丝毫余地。他们把所有的空隙都填满了，我只能按照被描述的样子去扮演自己。而即便我有能力满足他们的期望，我也不想这么做。而且，真相是：我做不到。首先，我在一个买不起有机蔬菜和昂贵运动服的家庭长大。其次，我已经浪费太多时间在恐惧和为生活而战上，不愿意再花费宝贵的时间为自己的存在找借口了。

我感到那些人限制了我的自我，侵犯了我最神圣的领地。因为我在有意无意间被视作了他人自我世界的延伸。他们没有给我呈现自我的许可或者空间，也没有花时间去了解我。

这也许看起来不是什么大事，说实话，我也想举一个更"重大"或"有说服力"的例子，然而这样做有悖于写作本书的用意，因为并非只有极端压迫的时刻才会让我们感到被侵犯。一个更加绘声绘色的例子可能会让人误认为自我迷失很容易识别，或总是以戏剧性的方式出现。其实，正是在那些难以察觉或者容易忽视的细微之处，潜伏着各种微小的预设、强加或对我们喜好的抵制，阻碍我们努力活出真实的自己。

在二十岁的最后几年，我终于叛逆式地活出了自己。我向世界展示我的哲学偏好、我对城市的热爱，吃牛角包、摄影、打网球、看巴黎时装周的日常，以及漂泊不定的生活。我决定一以贯之地表达自己，毫无保留地告诉世界我是谁。如果其他人仍然不能看见我，那他们就只是在视而不见罢了。

然而，展示自己并不仅仅是要和人进行更多交心的谈话、分享痛苦的人生经历、创造美妙的艺术品、在社交媒体上上传更多的照片或表达自己，这些对我并没有起太大作用。因为首先，我周围的人并没有真心地在观看或者倾听，并且我并没有在这些关系中感到足够的安全感去展示自己的脆弱。

于是，设定界限成了我展示自己的方式。

展示自己和设定界限看起来似乎没什么关系，实际上，界限是自我表达的一种重要形式。在我看来，甚至是最有效的自我表达方式。如果你好奇这些界限听起来是什么样的，以下是一些例子：

• "不用了，谢谢，我不喜欢露营。"

- "开我像个'小公主'的玩笑是在伤害我，请停止。"
- "比起沙拉，我更想吃牛角包。我们待会儿见吧。"
- "谢谢你的意见，但我还是决定在接下来的几年里去旅行。"
- "如果我在穿着打扮上需要意见，会来请教你。"
- "我不会容忍对我出身的侮辱性评价。"
- "我现在不想结婚。如果我改变了主意，我会让你知道的。"
- "我不确定我想不想要孩子，请停止问我什么时候要孩子。"
- "我不愿意分享我在战争中的经历，但是谢谢你关心。"
- "你这样翻看我的手机让我感到很不舒服。"
- "我现在状态不好，没办法为你提供源源不断的情感支持。"
- "如果你朝我大喊大叫或者骂人，这个谈话将立刻终止。"
- "我希望保持我感情生活的私密性。"
- "我不喜欢在背后谈论别人。我们换个话题吧。"
- "我知道你很不安，但我不觉得我应该介入此事。"
- "我不需要你喜欢我的职业，但我希望你能尊重它。"
- "如果你迟到超过二十分钟，我不会等你。"
- "我对你评价我的身体这件事感到不舒服。"
- "我会在周末结束后回复你的邮件。"
- "不，我不会分享我的心理咨询师说了什么。"

　　通过知道我不会做什么或者不能接受什么，你会觉得对我有更深入的了解吗？我猜会的。这真是件奇妙的事，我没有告诉你我喜欢什么，也没有给你任何关于我生活的事实信息，但你还是对我的生活有了了解。这是因为，当我与你分享我的界限时，我不仅是在告诉你我的需求、愿望和期待，也是在向你展示我是谁，以及我如何理解自己。

界限是自我的大纲

我知道，大多数人之所以听说过"界限"这个词，是由于最近心理学上对这个概念的讨论开始增多了，且似乎成了社交媒体上的热门话题。然而，为了确保我们在讨论同一件事，以下是一个关于界限的快速概览：

- 界限是指导方针（而不是最后通牒）；
- 界限能够增进关系中的理解，保证关系的安全；
- 界限是关爱自我的一种方式；
- 界限需要清晰的沟通和表达；
- 侵犯界限经常伴随着后果；
- 界限主要可以被划分为身体、性、情感、智识、物质、时间这六个方面；
- 界限与任何关系都有关（甚至尤其是在好的关系中）；
- 界限并不是惩罚，也不是为了把人推开，而是为了创造一个能够滋养关系双方（以及关系本身）的安全距离。

我发现，市面上现存的有关如何去描述和学习设立界限的资料都缺乏一种与自我意识相结合的理解维度。自我与界限是不可分割的，健康的界限是我们身份的纲领。界限不仅能够让我们得以保护自己、滋养关系，还定义了我们是谁。它们就像我们的轮廓，能够帮助他人识别我们，并以一种理解我们的方式与我们进行沟通。

在我的职业生涯中，我见过很多为了设立并保持界限所产生的挣扎。不管读过多少相关图书，参加过多少工作坊，现实是，只有当一个人真正知道自己是谁，才能正确设立界限。如果不知道某物的形状，我们就无法真正勾勒出它的轮廓。理解自己的为人、需求、愿望、期待以及世界观，是建立界限的基础。人们会撒谎，但界限几乎不会。

事实上，缺乏界限通常意味着个体的自我认知是薄弱的。这听起来有些残酷。但事实是，任何导致我们不知道如何设定界限或者觉得不足以安全地设定界限的情境，都会威胁自我意识。大多数情况下，阻碍设定界限的两个最大障碍便是缺乏自我理解以及缺乏严肃对待自己的决心（这通常伴随着不够尊重自己）。

试图在了解自我之前就设立界限，就好像在数学考试上打小抄，而你用来作弊的小抄甚至不是试题的一部分。它可能是某个问题的正确答案，但并不适用于你的试题。为了让界限变得有意义或有所帮助，我们需要与它们产生深刻的共鸣，故而它们需要是现实的。举个例子，某人可能设立了一个界限，即晚上九点钟之后不见任何人，但如果他（她）是一个急诊室医生或刚刚成为母亲，这个界限就不太现实了。试图去遵循不现实的界限可能会对你的生活带来重大影响，你的自我也会随之发生改变。为了设立界限，我们必须调整自己的某些特质——因为自我是我们身份的自然延伸。如果把自我比作一幅画，那么界限就像画框，帮助我们定义并保护自我。

另一个例子：为了在新的关系中贯彻界限，比如"你总是在最后一分钟放我的鸽子，这让我很困扰"或者"如果你不停止对我大喊大叫，我会离开"，我们必须坚信自己值得尊重。只要我们不相信自己值得更好的，我们就不会去要求，也会允许自我的边界被不断地践踏。贯彻界限（尤其是那些值得坚持的）是一种来自内心的力量，是一种以对自我负责的方式运用自由的选择。我们有责任作为自我行动，并保护自我。

自我永远处于不断改变与进化的状态，这意味着界限也无时无刻不在发生着变化。这就是说，我们绘制的并非一个一成不变的轮廓，而是一幅反映着成长与具体情况的动态图画。我们有责任去关注自我，选择恰当的界限。界限会随着人际关系、信念或者环境发生改变，这绝不是反复无常的，而是保持着一种协调和联动。当我与观众互动时，我选择回答的问题会与我和朋友喝酒时不同。在这两种情况下，界限都至关重要。

对很多人来说，无法严肃对待界限给他们的生活带来巨大障碍，这会导致他们在建立界限时缺乏明确的信念。我曾经就是这样的人。我以前模糊地、大概地、三心二意地设立了一些我也许想要的界限……但自从意识到他人的不合理要求，加上缺乏界限给我带来了巨大的迷失感之后，我就不再这样做了。在惊恐发作之后，我接受了一个事实：缺乏界限放大了我在人际关系中的问题，影响了我的心理健康，也阻碍了对自我的真正认识。我随便画出的涂鸦式自画像并不够清晰，不光别人看不见，连我自己也认不出。

小心矫枉过正

每个人都可能在生命中的某个时刻矫枉过正。如果上次去海边时风特别大，那么即使天气预报说这次会晴空万里，我们还是可能会带上夹克和毯子。如果上次见面时对某人有些无理，下次见面时我们可能会特意表现得更友好。如果有人说我们看上去比之前胖，为了再也不会听到这种话，我们可能就会多减几斤（虽然这样的谈话从一开始就不应该发生）。如果我们因为过分黏人失去过伴侣，那么在下一段关系中，我们就可能不会付出那么多精力。

这是人之常情。通常情况下，不愉快的经历或者失去都可能引起矫枉过正。我们不想再次受到伤害，于是通过走向另一个极端来试图保护自己。在心理咨询中我经常会见到这种情况，尤其是当来访者刚刚开始学习设立界限这样的新技能时。我总是在为他们的热情和决心加油鼓劲，同时也提示对方注意实际操作中的可行性，尤其是要为他人的复杂人性留出空间。

不久前，我和一位二十岁出头的来访者进行了这样一次谈话。在第一次咨询中，她表示希望能够走出一段为期三年的感情，并且弄清楚失去这段感情的她到底是谁。这个过程伴随着一系列困难的问题，比如："为什么这一切会发生，我当时可能可以做出哪些改变，从中我能学到什么？"最终，她意识到缺乏界限和自我认知是这段关系结束的重要原因。她非常愿意反思和学习，并且真的付出时间。当我们开始探讨界限这一困难的话题时，她就马上开始了自己的探索。

一年后，这位来访者开始能够比较轻松地与新对象交往。她看上去很高兴，并谈起她感觉这是一段有希望的感情。奇怪的是，约会四个月后，她在咨询时给我读了一条她起草的分手短信。她写道："我们不能再在一起了。我在过去很清楚地表明过在医院探望母亲时不希望收到短信，但你还是给我发了消息。"这件事的背景是女孩的母亲住院了，她在周日的探视时间里不想被打扰，以便能够全心全意地陪伴母亲。而界限被打破的那天，男孩发的信息是："我知道今天是你母亲检查结果出来的日子。我在心里挂念着你！"这条短信让她感到不安，并想要结束这段关系。她太害怕进入一段需求和喜好被忽视或者没有被看见的关系了，任何这方面的蛛丝马迹都会马上触发警报。对她来说，界限变成了一面墙，而不再是一张蓝图。

做了一次深呼吸之后，我开始询问她这个界限是不是有些严格了。我们一起讨论比起分手，重新强调自己的界限会不会是个更合理的决定。或者，也许在这么长时间之后，第一次去享受关注和关怀不是件坏事。当然，只有她自己才知道如何更好地前进，我的作用只是帮助她更完整地探索自己的经历。最终，她决定重申界限，而不是结束关系。她选择了与伴侣沟通，让对方知道虽然他发来的短信是出于好意，但这触发了她的情绪，让她没办法真正接受这份好意。

虽然花了一些时间，但她最终释放了自己的恐惧，学会了接受生活赐予的好事。她打破了在任何情况下都预期最坏结果的习惯。

界限被侵犯的反应

界限被侵犯通常伴随着憎恨、失望、受伤和愤怒的回应。一开始，我们也许会尝试理解这个人的糟糕行为、责备自己允许对方越界、为自己被对待的方式感到羞耻，或开始怀疑自己的决定。但当这些越界的行为变得像是自我之路上的障碍物和阻隔时，当我们感到不被看见、不被赏识，或者没有被公正地对待时，设立界限就成了自我保护的一部分。这种反射性设立边界或应对性回应，是防止进一步受伤或迷失的手段，目标是找到一种处理创伤的方式，或保护自我不被伤害。为了更好理解界限被侵犯时的反应，让我来问你三个简单的问题：

- 当你感到不能做自己时，会有怎样的表现？
- 在感到自己被不公正对待时，你的第一反应是什么？
- 当你觉得自己一直被忽视、被否定、被看轻或并未被真正看见时，你会怎么做？

我猜你的反应就是我刚刚谈到的反射性设立边界，这种应对性回应令你可以承受伤痛。这种界限或自我调适并不总是健康的，也并不总是基于自我察觉的。可以说，它们并非长期解决方案，有些甚至可能会带来潜在的伤害。

在存在主义分析中，反射性回应分为隔离、过度活跃、表现出攻击性和冻结。虽然途径不同，但这些回应的目标都是保护自我免受伤害。

下面就让我们一一探讨这四类反射性回应：

1. 隔离

当感到被侵犯或强迫时，个体会将自己与他人或痛苦隔离开来。隔离的最终目标是通过与威胁我们的状况划清界限来保护自我。然而，隔离的后果是，我们可能不知不觉地设下孤立自己的界限，面临关系破裂的风险，并且会感到孤独。以下是一些常见的隔离行为：

走开。当人们不清楚如何在一个不能感到安全的情况下进行互动时，他们会选择走开。这是一种拒绝的形式，也是一个声明——你可以继续你的表演，但我不再奉陪。这是一种通过身体上的撤离来设定自我界限的方式。

我其实从来没有从任何谈话中走开过，但有人对我做过。至少对我来说，这样的感觉不好。我猜对方肯定也这么觉得。如果某人走开了，可能是因为他不再觉得可以跟我们共处。人们可能会针对谁对谁错进行无休止的讨论，但最终要问的是："到底是什么把自我逼到了这样不被看见或者受到威胁的地步？"

抽离。从谈话中抽离并保持沉默。这是一个非常常见的应对反应，从界限的角度思考，这意味着我们选择不再投入或给予自我。沉默是一种极其消极的对抗，而且并不健康，但它通常表明这个人感到如果继续投入就会对自我产生威胁。

另一种不太明显的抽离策略，是通过不断转换话题或掩饰问题来分散对方的注意力。当有人在家庭晚餐时抛出一个困难的话题（比如你的婚恋问题）时，你可能会倾向于通过谈论在百货商店看到的大减价活动或最近的升职来分散他们的注意力。有时我也会在来访者身上看到这种情况。他们会提出一个困难的话题，但很快就转到显然不那么紧急的话题上，以此来自我调节。意识到这种模式可以帮助我们在感到不知所措、被触发或情绪不安时有所察觉，帮助我们将反射性设立的界限转变为带着意图所设立的界限。

变得礼貌。礼貌是我们创造距离的一种常见方式。当我们第一次见到某人时，因为缺乏熟悉感、安全感或理解，我们通常会表现得更正式。当我们在关系中再次变得礼貌时，是为了重建界限，在彼此之间创造必需的距离。

分手后在公共场合见到前任时，你是否会变得僵硬且礼貌，称呼对方的名字而不是"亲爱的"？你们的邮件落款是否会从"爱你的"变成了"祝好"？礼貌是一种表示我们不再亲近的方式。这是通过将别人挡在适当的距离之外来保护自己的方式。

将侮辱当成玩笑。不可否认，笑和幽默对精神健康有着积极的影响。然而，当我们持续不断地用幽默解围或将自己与痛苦隔离，它们就会阻碍我们真正地面对自己的现实。简单来说，当你将某事（或某人）当作笑话而不认真对待它（或他）时，你是在用一种绕开真实感受的方式来设立界限。你说的不可能是真的，因为如果真是那样，就太残酷了。所以，对所有伤人的评价一笑置之，我们就不用认真对待可能感到的伤痛了。

过分认同他人的观点。当试图过分理解别人时，我们可能有意无意地失去了自己的立场，这样做是为了与自己的感受、想法和需求保持距离。即使是良性的情感，比如同情或者共情，如果未经思考，也可能导致为了他人而放弃自我。

比如，你与伴侣发生了争吵。可能是对方希望你放弃自己的公寓然后和他（她）住在一起，而你还没有准备好。或者可能是对方想要结婚，而你不相信婚姻。无论问题是什么，你都决定按照他人的愿望行事，继而发现自己陷入失去自我的处境。行动不再与对自我的理解相吻合，自我便受到威胁。这些都是开始格式化自己的轮廓并将其整合到他人框架下的简单例子。有时，我们试图将他人的信念和欲望强加给自己。有时，拉低自己的底线似乎要比坚守自己的界限更让人觉得安全。然而有时，这也会让我们在一段关系中失去自我。

2. 过度活跃

过度活跃是指通过表面上略过或者回避那些造成伤害或威胁的事物，来为自我提供空间并继续前进的一种尝试。为了被看见并被他人赏识而不断努力，我们往往会忽视自我。

这种反应通常表现为一种行动型心态。你可能不断地打扫卫生、参加一堆俱乐部、追求完美（这样就没有人可以抱怨或批评你），通过保持忙碌来转移注意力，以打动他人并提升在他们眼中的价值。但你几乎像机器中的一个齿轮那样行动，缺少了与自我体验的联结。你太忙了，无法真正与发生在自己身上的事情产生联系。你变得像一个空壳，对内在的真实自我没有关注，甚至完全忽视了它的存在。如果这种应对机制能说话，根据朗格尔的观点，它会说："我需要不断做一些看得见的事情，以向他人证明自己。只有这样我才能生存。"与在隔离自我时抽离式的退后不同，过度活跃表现为高速前进，通过变得更加活跃来应对威胁。这与讨好型人格没有太大区别：专注于迎合或顺从他人，而不是与其进行真实的互动。因为无法认同自我，而渴望从他人那里满足这种需求。

过分活跃的个体通常通过说话、打扮和行为举止的方式来吸引注意力，和其他所有人一样，他们渴望被看见，渴望有人承认他们的存在。这并不是源于自我中心，而是源于自我保存。他们也更倾向于合群，即使在受伤或被误解时仍然屈服于他人。他们可能会认同攻击者，对伤人的笑话讪笑，甚至同意对方的观点。这是因为归属感（无论是否真实）会让他们感觉自己受到保护，而不是被抛弃了。

3. 表现出攻击性

当我们感到受威胁时，表现出攻击性并不罕见。攻击性可能表现为不容忍、对抗、愤怒、要求过高或侵犯他人的身体界限，这样做的主要目的是站在某件事物的对立面（隐喻性或是字面意义上的）。表现出攻击性的目的通常是为了被看见或被严肃对待，以避免进一步的伤害。比如，我们可能会在拥挤的地铁上被撞到时提高音量，作为提示自己存在的信号，以防止再次被撞到。如果我们能在那些时刻清晰地表达自己，朗格尔认为，听起来可能会是这样的："请看看我。我在这里，我在受苦。能请您停下吗？"

人们经常会在觉得情况超出承受能力时表现出攻击性，比如说："他们怎么敢！他们怎么能这么做！我绝不会再让这样的事发生在我身上了。"当我们深深地感到不公正，或者被一种贬低的感觉困扰而无法做一个正常人时，就会回击："我不允许被如此对待！"通过攻击性，我们将内在的情绪转化为某种看似外在的行动。

攻击性的背后是一种战斗的本能。我们愤怒，是因为我们渴望被看见。和更偏向于被动的悲伤不同，愤怒会激发出一种自我表达。攻击性通常根植于一种深深的无力感，这会导致一种消灭威胁的渴望。当攻击性与一种"正义感"交织在一起时，我们便会觉得自己有"权利"去释放愤怒，并开始惩罚别人。这是一种去伤害侵犯者，以抵消不公正的"复仇"方法。这也事关给某人"上一课"，有时那个人是我们自己。攻击性并不总是那么容易识别的。在一个存在主义分析工作坊中，一位教授曾经告诉我们，讽刺经常是一种更容易被社会接受的攻击性——"哟，这一下可有点疼。"我以前非常喜欢挖苦人（我所有的笑话都讽刺极了），教授的话让我第一次意识到其实我一直很愤怒。

我将愤怒的反应视作对想要被承认的一种绝望的渴求。它是一种被误用了的肯定自己的方式，代表着我们想要去占有空间，在和他人的关系中划定界限。这是一种建立或重新建立界限，好让别人不会践踏我们的方式。用意是好的，但后果通常非常糟糕。

当来访者感到愤怒或者开始积累攻击性时，我会请对方反思以下三个问题：

- 我的哪些需求没有被满足？
- 我的哪方面感受到了威胁？
- 我的什么界限被侵犯了？

除非意识到自己身上发生了什么，否则我们会持续用毁灭性而不是积极的方式去保护自己。

4. 冻结

冻结状态会在我们感觉自己无法行动时发生。当我们对某件事不能容忍到麻木或失去感受的地步时，就会出现这种状态。一种较为轻微的情况可能是被某个冒犯的言行所震惊，因为该言行被视为对个人价值的直接威胁。当我们没有被邀请参加某个活动、被人忘记送圣诞礼物，或者在众人面前说话却没人回应时，我们可能会变得"无话可说"。这是一种感到被忽视却不知道该如何继续前进的感觉。

一种更痛苦的侵害会让人感到受伤，使人远离人群。如果有人拒绝我们、无视我们的界限，或者持续地轻视我们，我们可能会感到自己的尊严受到了伤害。这是一种会引起内心痛苦的更深的伤害。这种让我们不知如何处理的关系，可能给我们带来内心的裂痕，甚至由心理焦虑引发生理反应，比如头痛或消化问题。

其他更严重的冻结状态包括：无法说话、羞耻地隐藏自己的需求、等待威胁自己的事情过去、产生怨恨、否认自己的感受、选择性遗忘某些事件、解离和人格解体。这些反应往往是极端创伤的结果，而不是常见的、日常生活中的自我迷失。

———

停下来想想：你的应对性界限反映了你是一个怎样的人？

奇特的是，无论我们内心如何努力去消除成为自我的障碍，也不总能带来想要的结果。我们可以做的是通过设立有意识的（而不是应激性的）界限来帮助自我，从而消除威胁，并与周围的人建立一种安全的关系。

在设立界限之前，问问自己：

- 为什么要设定这个界限？

- 设定这个界限的目标是什么？

- 这个界限会增进我的幸福吗？

- 这个界限与我的身份相呼应吗？

- 这个界限是否尊重了"我是谁"这个问题？

- 通过这个界限，我在保护谁 / 什么？

- 这个界限会让关系更健康吗？

- 这个界限体现了我的哪个核心信念？

- 这是表达这个界限的最好方式吗？

- 设定这个界限的最佳时机是什么？

- 别人侵犯我界限的后果是什么？

通常，我们对设定界限的理解——对影响个体设定界限的意愿以及他人对这些界限的接受程度的理解——形成了设定界限时会遇到的最大障碍。界限常常被理解为一种形式上的拒绝或者威胁，而不是一个我们可以提供给他人，以加深他们对我们的自我理解的轮廓。然而，界限这个框架既允许他人对我们的理解随着时间推移逐渐加深，也保护了自身存在形成的宝贵过程。

>> 严峻现实

界限越脆弱，自我意识就越脆弱。

>> 温柔提醒

界限是一种爱的语言，让我们把它们当成爱的语言
来对待。

第三部分　找回主体性

无论过去还是现在，我始终是一个追寻者。

然而，我已不再向星辰或书本寻求答案，

而是开始倾听并追随我内心深处的声音。

我的故事并不令人愉悦，它缺乏寓言般的轻柔和谐。

像所有放弃自我欺骗的人一样，

我的生活充满了纷扰与混乱、疯狂与梦幻。

——赫尔曼·黑塞，《德米安》

Chapter 7　　心灵清理：为真实的自己创造空间

　　我将自己定位为一个极简主义者。我的所有物，对，我是说所有家当都可以装进一个大号行李箱和一个标准尺寸的登机箱。然而，我并非一直如此。

　　我的极简主义之旅始于七年前柏林冬季一个下着苦雨的寒冷下午。当时，晦暗的天空下着瓢泼大雨，街上很冷清，没有人多看我一眼。我拉着巨大的行李箱艰难地穿过石子铺成的人行道，紧接着被行李箱绊倒，钱包、钥匙、护照和所有电子产品都散落在湿漉漉的地上，也没人停下来帮忙。路过的行人视而不见，他们只是绕过我，继续赶路。我在挣扎中默默地捡起东西，假装什么都没发生。我猜，生活有时就是这样。我们在受苦，而周围的人对这一切熟视无睹。

　　终于，拖着疲惫的身躯，我到达火车站的入口。欧洲的火车站没有直梯或自动扶梯，只有台阶和我巨大的行李箱。有好几次，箱子重重地撞上了我的脚踝。当我终于抵达正确的站台准备上车时，箱子的一半却被卡在了关闭的火车车门外面。其他乘客向我投来厌恶的目光，大汗淋漓的我也羞耻极了。为什么挣扎的人要感到羞耻，袖手旁观的人却不内疚呢？

从那天起，我发誓再也不带超出自己能力范围的行李出行，我决定简化自己的人生。我渴望自由活动，迎接未知生活的洗礼，而是不受累于"行李太多"的困扰——够了，这种状态让我厌倦。

当我开始清理外在的物品时，我意识到自己内心的空间也在增大。呼吸与做决定变得更容易了。起初，我捐赠、售卖或者扔掉所有不再需要的东西。然后，我开始清理父母家里的储藏室，扔掉陈年的纪念册、毛毯、电影票根和朋友送的无用礼物。犹豫很久之后，我又丢掉那件除非受邀参加英国王室晚宴否则根本没有任何机会穿的伴娘裙。为什么我会留下这些橘滋运动裤？是为了以备千禧年时尚风潮卷土重来（或许它们已经回来了）之需吗？类似的还有留着等瘦下来再穿的裤子、前任送的礼物和莫名其妙的信件——万一我们复合了怎么办？我的内心被许多假设性的问题占满了。这样看，生活中所有的"万一""遗憾"和"也许"，比储藏室里的物品更具伤害性。

最终，在清空累积的旧物之后，我开始清理心灵的角落。就像为了随身行李腾出空间而扔掉一件扎脖子的羊毛衫一样，我决定不再继续担忧自己拖拖拉拉的离婚事件。对我来说，心灵断舍离意味着不为任何不再有用或者不再适合我的事物投入时间。这是为自我腾出空间的方式。抛弃那些不再对我们有帮助的东西，它可能包括想法、信念、假设、角色、对人际关系的习惯性恐惧或者物质，它可以包括任何阻碍我们诚实面对自己并成为理想自我的东西。

极简主义常常被误解为对自我的限制。但对我来说，拥有更少（无论是物质上还是心灵上）意味着更自由的选择。这是一个保存意志力的过程，也为我创造出了运用自由的空间。当我们拥有更少时，便会有更多让自己存在的空间。

空间是存在的基础。从存在主义的角度看，空间就是能够让我们存在的地方——无论是字面意义上还是比喻意义上。没有空间，存在便无从谈起。空间为个体提供做出决定、采取行动、运动、成长、实现可能性的潜力。弗兰克尔的一句话很好地概括了这一点："在刺激和回应之间存在着一些空间。这些空间中蕴含着选择如何回应的力量，回应中蕴含着成长和自由。"如果我们不运用自己的空间，自主性和力量就会被剥夺，失去自我的风险也随之而来。

空间并不仅仅是被给予的，它也需要我们去争取和创造。

当我们感到没有空间时，也难以为他人提供空间，这会形成一个恶性循环。如果没有足够的空间让自我存在，我们也难以允许他人存在，反之亦然。我们会感到他人占据的空间侵蚀了自我表达所需的空间。因此，在回复一条来自同事或朋友的恼人消息之前，或者在因为伴侣没有清空洗碗机而发脾气之前，花些时间反思自己正在经历什么，以及希望自己在那一刻是如何在场的。运用这个空间去思考你是谁，以及你想成为什么样的人。空间是允许自己进行深度思考的地方。当生活变得忙碌时，我们就很容易反应过度、不加思考，最终迷失自我。

决定是对生活有意识的回应。应激性的回应大多源于痛苦、恐惧、不安全感和伤痛。空间可以让我们退后一步，看到一些其他的可能性，而不被局限于当下的感受。空间给予我们立场和根基。

可以说，如果没有退后一步带来的距离，我们就可能见木而不见林。

为自己创造空间和距离的方法有很多种，运用想象力便是其一。我曾经读到，当弗兰克尔身处集中营时，他会想象自己如何在战争结束后与听众分享自己的经历，后来他也真的这样做了。还有一些其他的方法，比如深呼吸、锻炼，或者干脆睡一觉，之后就更容易带着一个全新的视角去面对问题。在困难中运用幽默感和讽刺技术也是个法子，或者你也可以干脆简单地说"不"。

对我来说，空间意味着与任何妨碍自我真实性、妨碍我们带着觉察去生活的人或事保持物理上的距离。我的断舍离之旅始于所有身外之物都能装进几个包里，然后带着它们环游世界的时刻。在经历了存在危机和随之而来的离婚之后，我开始以游民的方式生活。创造空间正是我决定开始旅行的原因。我有一个急需解决的问题，好吧，其实是两个：我深深地不快乐，而且我不知道自己是谁。

虽然通过旅行去发现自我或逃避现实已经变成一种俗气的套路，事实上，也是一种特权，但它仍然是有可取之处的。旅行允许个体去探索更多存在的空间，尤其是当自己正身处一个不允许这样去做的环境中时。在我们当下的驻留之所无法为自己创造这种空间时，或因为这样那样的原因，我们无法主动行动时，旅行能够帮我们打开局面。通常情况下，我们的周遭充斥着期待、意见、他人以及种种习惯。这很容易让我们打开自动驾驶模式，每天混沌度日，失去意识和觉察。

这就是为什么人们有时会被建议去一个新环境，放弃一些根深蒂固的习惯（比如吸烟）。在一个新的空间里，我们会变得更容易觉察。这不是一个十分钟的休息，不是在每天的同一时间泡一杯速溶咖啡，然后在大楼前无意识地掏出一包烟。

新的环境给了我们一个脱离自动驾驶模式，在做事前思考的机会。它创造了一个被习惯带着走之外的决策空间，让我们得以重新获得并享受自由。

有时，变动并不意味着逃避，也可能意味着迎难而上。旅行带给我的空间和距离，让我有时间与自己的问题相处并试着解决它们。我开始将自我与这些问题分离，意识到自己不只是在哀伤、焦虑或搞砸了一段关系。事实是，一旦我们将自我与需要面对的问题分离开来，通过增强自我的力量，我们就会找回自我——并且，别忘了，我们仍然对自己的身份负有责任。

为什么放弃这么难？

断舍离常常不是一件容易的事，因为我们的所有物常常被赋予超过其实际应有的意义。我自己经常就会把太多的意义和安全感依附在这些物质财产上，却并未在内心有意识地创造意义和安全感。

　　拥有物品本身并不是问题，问题在于人与物品之间形成的关系。对那些在某个人生阶段需求未能得到满足，或是在物质匮乏的环境中长大的人来说，断舍离尤为困难。作为一个经历过战争时期缺衣少食的孩子，我的成长环境中几乎没有所谓的"非必需品"。这并不是选择的，而是由创伤带来的"极简主义"。生活在被剥夺所需或珍视之物的环境中，带来的不是解放和空间，而是深深的脆弱感和不安全感。

　　在经历了战争之后，我的家庭成员开始习惯于紧紧抓住他们所能抓住的一切。这并不是因为他们认为物质财产本身多么有价值，而是不想再经历失去这些东西带来的痛苦。他们会保留每一件衣服，甚至剩半瓶的发胶也不放过，因为也许某天这些物品就会派上用场。即使他们后来能够买得起新的衬衫或枕头，这种心理模式也很难改变。

　　还记得搬入大学宿舍的那天，我带了一整车的行李，却仍为不能带上所有"需要"的东西而感到沮丧。虽然现在看上去很荒谬，但我知道那时的自己渴望通过在陌生的环境中被熟悉的物品包围而获得安全感。比如：那支烧了一截的蜡烛，虽然宿舍里不允许使用它，但那代表着家；那条亮色的手缝毯子，虽然和宿舍的装饰风格格格不入，但它让我想起了初恋；那条木雕的船，它让我想起十年前与父亲一起度过的假期，虽然我爱父亲，却很少与他见面。我担心如果不带着这些东西，之前的经历就会显得不真实。我需要关于生命的证据，这就是为什么我对这些物品有如此强烈的保护欲。因为它们是过去那些我无法完全掌控，不再存在的"我"留下的纪念品。

最近有朋友问了我一个看似普通却极具挑战性的问题："如果你的房子失火，你会冲进去拿什么东西？"沉默了好一会儿，我回答说："什么都不拿。"

是真的，我不愿意为了任何不绝对需要的外部事物交付我的性命。下飞机发现行李丢失时，我也有同样的感受。看着地勤人员无能为力的样子，我很恼火，随即也感到了自由。我的灵魂才是我的家，而不是砖墙或水泥，更不是一个塞满物品的行李箱。

所以，换你来回答这个问题：你会冲进那座失火的房子挽救什么？什么东西如此重要，让你愿意用宝贵的自我去交换？

拥有物品和拥有自我之间有一个重要的区别。清理生活似乎会让人感到威胁，因为这是一种摧毁和解构。梳理和审视自己的习惯、信念、关系和伤痛，让人能够更好地理解所有对自己是谁以及自己不是谁所做出的妥协。先要摧毁，然后才有选择如何建造自我的机会。而这只有在为我们是谁腾出空间后才可能实现——是时候放弃那些不真正属于自己的行为、信念、习惯和观点了。

1. 期待

大多数人，或者可以说所有人，都有一个倾向，那就是允许他人的期待影响我们，由此塑造我们对自我的看法、所做的选择和将要成为的人。不知不觉中，我们常常会经历这样一种需求上的挣扎：我究竟是为了成为自我而满足这些需求，还是为了归属感和爱去做这些事？

当对自我没有清晰的意识时，自我就会受到他人投射的影响（无论好坏），因为这些投射安抚了我们对未知的恐惧。比起已知但不准确的事物，我们的大脑对未知事物的恐惧更强烈，它宁愿基于他人的叙述而错误地分类或概括自我，也不愿面对不完全理解自我所带来的可能的空间。对自我的理解决定了我们的行动，以及在这个世界上占据的位置。于是这种倾向就可能导致我们变成别人希望我们成为或者相信我们应该是的那个人。

在直面自己的迷失之前，我花了大量时间去竭力成为他人需要和期望的那个我。最终，我一手打造了不真实的自我。我永远不会忘记那个下午，在一个重要的工作会议中，我的焦虑症突然发作了。我不记得具体是怎么发生的，但突然之间，压力变得如此巨大，我完全被压垮了，有几秒钟甚至完全失去意识。没有人注意到这一点。会议结束后，一位同事朝我走来，我紧张极了。她发现了吗？她会质疑我的能力吗？

并没有。她只是过来称赞我的表现以及对会议的贡献。她说她希望有一天能像我一样自信地行事，能像我一样"一切尽在掌握"。

我出神地看着她。我能看到她眼中饥渴的期待。随即意识到就算是为了她，我也需要保护那个形象。我尴尬地接受了她的赞美。她对我想立即逃到车里然后上网查看自己症状的想法毫无觉察，也完全不知道我希望成为这个世界上除我之外的任何一个人。她帮助我否认了自己的现实，我则用她对我"成功"的感知来定义了自己是谁。

如果没有人看到我的痛苦，那么我在痛苦吗？如果没有人看到我的迷失，那么我迷失了吗？

你希望我打起精神来？好吧，我会变成那个"看起来一切都很完美"的人。

我变得致力于维持那个被错误理解的我的形象。我的头脑总是被如何继续这场表演的杂音所充斥。最终，这导致了我对自我的错误阐释。虽然起初我对同事没有发现我的痛苦感到松了一口气，但回过神来我意识到——她根本没有看到我的压力！正是这个意识帮助我决定自己不再在乎别人需要什么或者期待什么。为什么我要为了不真正关心我的人而迎合他们？为什么要为了并不理解我的人而改变？

有时，我们对自我有很多期待（比如成为那个"看起来一切都完美"的人，尽管大多数时候我们并非如此）。其他时候，我们反映了别人的认知（比如"好女孩"）。基于他人的期待去生活的问题在于，它往往与我们真实的自我不符。迟早我们会意识到，为了某个无论是自己还是别人所赋予的角色而失去自我，代价实在太高了。期待可以是好事，只要它是实际可行的，并且与真实的自我一致（比如我期待自己对所有做出的决定负责）。

以下七个问题可以帮助你挑战并清理生活中的那些"应该"：

- 这个期待与我的真实自我相吻合吗?

- 这个期待能将我带到理想的未来吗?

- 这个期待对我的身心健康有益吗?

- 这个期待尊重了我的需求吗?

- 这个期待现实吗?

- 我这么做是为了谁? 为什么?

- 是谁提出了这些期待?

如果我们花更多时间思考自我意识,而不是考量"应该"做什么,我们安排一天的方式会有什么不同? 我们会把时间花在思考什么事情上? 我们的行动会有什么变化? 如果我们决定对自己是谁和将成为怎样的人负责任,我们的思想、互动、关注点和目标会有怎样的改变?

2. 习惯

丽兹三十四岁,住在纽约——这是她少女时期以来的梦想。二十岁出头时,她搬过很多次家,做过许多糟糕的工作,付过高昂的房租,约会过数不清的不合适的人。这一切都是一种经历。现在她三十多岁,事业蒸蒸日上,住在梦想中的公寓里,生活也很有乐趣。在她的圈子里,酗酒不仅是家常便饭,甚至受到赞赏。她并不特别热衷于此,但这些似乎已经成为她生活的一部分。刚开始加入时她并不情愿,但最终喝到断片成了生活中常见的事。她不喜欢这样的自己,但当最初的社交活动变成每周五的习惯时,她不知道该如何摆脱。最终，她和朋友们不再"正式"做计划，每个人都会在八点左右出现在最常厮混的酒吧，准备开派对。我明白，这就像我和妹妹说"咱们去找点东西吃"，然后自动出现在最喜欢的韩国餐馆。这是一种习惯，一种肌肉记忆。习惯最终塑造了我们的日常生活，与其向它们缴械投降，不如审视它们：

- 哪些习惯是受你周围环境的影响形成的？
- 哪些习惯对你是谁以及你想成为谁没有帮助？
- 你有自我毁灭和对成长形成障碍的习惯吗？
- 什么样的习惯会滋养你？
- 什么样的习惯是受到他人的影响而形成的？

行为决定未来。习惯就是日积月累而变得不假思索的倾向或实践。多次的重复让习惯变成了第二天性，或者就是天性本身，可以绕过理性思考或内心认同。习惯是我们是谁的表达，如果我们不喜欢自己的习惯，可能就不会喜欢自己。我们不能一边做让自己感到羞耻或不被尊重的事，一边期待对自己的赞许和欣赏，就像我们不能用错误的调料烹饪出美味佳肴。

我们可能想要打破一些显而易见的毁灭性习惯，比如在感到不安时喝酒、喝酒时抽烟或者喝醉后发消息。但也有许多其他习惯可能也值得打破，比如：

- 将自我认知建立在与他人的关系上；

- 接受比自己应得的少得多的东西；

- 为了他人贬低自己的成功；

- 为了和平撒谎；

- 将他人的需求放在自己的需求之前；

- 将饮酒作为缓解心理压力的手段；

- 为没有做错的事道歉；

- 由于害怕拒绝而不去阐明自己的界限；

- 否认现实；

- 为了关系而背叛自己；

- 寻求外部认同而不是内心认同；

- 强硬输出。

要记住，并不是所有的习惯都有害。健康的习惯能够帮助我们建立有助于实现理想生活的日常，并内化那些值得我们学习的行为。

健康的习惯可能包括：自我宽慰，而不是非得依赖他人平静下来；对自己的言行负责；在犯错时立即道歉；不把自己看得过于重要；给自己留出思考和感受的空间。健康的习惯还可能包括一些非常实际的事，比如定期给朋友或家人打电话、刷牙、喝水，以及记录让人感恩的事情。

3. 关系

跟大多数人一样，我非常容易在亲密关系中抛弃自我。多年以来，我花了很多时间试图变成各个伴侣想要的那个人。我假装自己喜欢看冰球，打扮得"性感"，对他们的各种野心和缺乏野心表现得"无所谓"。我假装自己的性欲比实际感觉到的更强烈，假装享受和他们的朋友在一起的时间，假装在他们对我的工作发表刻薄评论时感觉无所谓。我假装他们对前任的余情未了不是什么大事，假装他们对我交往的控制没有让我不舒服。我假装了这么久，以至于相信了自己的谎言，并在很多夜晚感到挫败，双眼含泪，困惑至极。这些并非我自身的特质和"喜好"占据了我当时所有的生活和存在。

我的婚姻带出了我最糟糕的一面（或者说不是我的那一面）。我根本没将注意力放在自己身上，而是费尽心思想要成为他想要的那个伴侣。结果，他跟一个根本不是我的人在一起，而我最终变得孤独极了。

因为我没有感觉自我的在场，所以这段关系并不让我感到亲密。甚至在做爱时，我都会有一种恶心的感觉。后来我才知道，这种厌恶感源于我在暗中感到自己的权利受到侵犯，想保护自己不受污染。或许这种厌恶感是在警告我，被困在这段关系里，我的内心受到了伤害，这段关系是对自我意识的侵蚀。

我的情感其实在告诉自己需要清理和放弃，但我没有去倾听。奇怪的是，那时我真心相信大多数人都像我一样，厌恶他们的亲密关系，并且，如果他们足够诚实的话，也厌恶自己。然而，即便如此，和我的伴侣在一起也要比孑然一身稍微好一点。没有亲密关系，我完全不知道自己是谁。一想到伴侣关系结束，就好像我的整个存在都受到了威胁。现在我明白了，相反的才是真的：留在婚姻里才是对存在真正的威胁。

最终我必须承认我和错误的人结了婚，并且接受这个错误可能会定义我的事实。我需要克服对于分手的恐惧，克服被贴上"二十四岁就离婚"这一标签的恐惧，克服独自一人的恐惧，以及与自己相处、倾听内心并给予空间重新定义自我的恐惧。我需要摆脱最为威胁我存在的事——我的婚姻，并且为自己提供行动的空间，去改变，去成长，去实现自己的潜力。我也确实这么做了。

清理关系可能是最困难的挑战。在关系中，我们经常投入很多时间、精力和自我价值。一些先入为主的假设和信念阻碍了我们离开，比如：

- "没有完美的关系。"
- "没有我，他活不下去。"
- "我不想最后变成孤家寡人。"
- "家里不会同意的。"
- "我许下过诺言。"
- "我这样太自私了。"
- "不会有人愿意跟我约会。"

虽然我不想再重复一遍亲密关系有多重要，但还是要强调自我的存在确实依托于它。许多人害怕评估自己的关系（无论是亲密关系还是其他关系），以下这些问题能让这个过程变得容易一些：

- 哪些关系是建立在恐惧、愧疚或责任之上的？
- 在哪些关系中对方并没有真的理解你？
- 在哪些关系中你可以真实地做自己？
- 哪些关系滋养了你想成为的那个人？
- 哪些关系是建立在信任和诚实上的？

有时我们过分强调何时、如何以及为何要将某些人清除出自己的生活，而我认为重要的一点是分辨出哪些人值得深交：

- 告诉我们真相的人
- 鼓励我们的人
- 身上有令人欣赏的品质的人
- 以爱和尊重的方式指出我们不足的人
- 愿意看到我们真实面貌的人
- 接受我们的人
- 尊重我们的人
- 希望我们变得更好的人

4. 错误和创伤

你是否曾在犯下一个错误之后，就将这个错误视作你的整个身份？在心理咨询中，我经常遇到这样的案例。因为被某人伤害了，我们就成了受害者；因为出轨，我们就成了不忠的人；如果中途退了学，我们就成了辍学的人；如果离婚，我们就成了二手货。然而，我们并没有真的变成这些标签中的任何一个。这都只是我们身上的一部分。因此，需要面对的是如何治疗自己、与自己和解并原谅自己。

有时迷失会让我们允许用过去的标签来定义自己，并支配未来的决定，而不只是将它作为参考。"一旦不忠，永远不忠"这样的表述将个体的身份定义在他的错误之上。为什么要在一个人面前摇晃一面写着"我不相信你能改变"的大旗，而不是将一个曾经不忠的人形容为一个犯了错误的人呢？为什么不以增强主动性和复原力的方式对待他们呢（又或者以这样的方式对待我们自己）？

同样，我见过一些人如同行走的广告牌一般展示着自己的伤痛。我们能怪他们吗？他们只是一些心碎的人。与伤痛带来的困扰斗争，即便是一次轻微的创伤也可能会让人感到支离破碎，这都是正常的。然而，我们有责任和自由去定义自我，也有责任和自由去做必要的事，不让挫折或创伤吞噬我们的自我意识。这样说可能有些严厉，也并非我的本意。被人伤害后，还需要自己收拾残局，确实极不公平。然而，如果我们不这样做，受苦的只有我们自己。虽然受害者的身份是对经历的真实描述，但仅仅把自己当成受害者可能会剥夺自己变得更强大的机会。

创伤，跟犯的错误一样，都是真实存在的。我们不需要否认它们，只需要认识到它们只是我们身份的一部分，放手并不意味着假装伤痛不存在，无视它们对我们的影响，或者假装毫无所谓。将自我从创伤中释放出来，意味着改变我们与伤痛的关系。新的关系应该是觉察和选择（所有的好关系都是这样的）。这无关不再感受痛苦，而是关于如何从中学习。

每个人都有伤痛，有些伤痛已经愈合，有些伤痛我们至今不敢面对，而其他的伤痛则被我们不断地揭开伤疤，导致伤口无法愈合。以下是一些帮助你反思自己伤痛的问题：

- 你想要从哪些伤痛中获得疗愈？
- 你与伤痛的关系是什么样的？
- 你有不能原谅自己的事吗？
- 哪些伤痛定义了你？
- 你能从这些伤痛中学到些什么？

重新定义你与伤痛的关系，与有毒的积极性无关，后者可能听上去是这样的：

- "所有的事都是无风不起浪。"
- "凡事朝积极的方面看。"
- "还可能发生更糟糕的事。"
- "别总是唉声叹气的。"

重要的是能够明白，伤痛会给灵魂创造一个更深刻的空间。它挑战我们、改变我们。它可能不会让我们变得"更强"，但至少能让我们得到一些体验与历练。只要自己允许，就会获得意义。

5. 信念

信念是恐惧容易躲藏的地方。我们都有信念，有些显而易见，有些不那么明显。我们对宇宙的理解、对人类（文化、年龄、种族、职业）的观点、关于"好"或"坏"的概念，以及一切持有的信念，都是我们存在的标尺，个人通过它们理解世界。对持有的信念有所觉察很重要，尤其是如果它可能导致自我迷失。

- 哪些信念让你感到难受？这些信念是从哪里获得的？
- 你对他人抱有什么样的信念？
- 你对世界的信念是什么样的？
- 你对自己的目标与价值抱有什么样的信念？
- 信念是如何影响你的？
- 你相信你值得怎样的生活？
- 你相信的自我是什么样的？

信念创造的假设取代了有意识的参与，成为心理上的捷径。它们帮助我们理解世界，而不用总是处理大量的信息。然而，假设并没有给我们很多空间去真实地面对自己或身边的其他人。

经常进行假设是有害的，以下是原因：

• 假设经常出错。假设通常更能说明我们是谁，而不是别人是谁。假设通常反映了我们的恐惧、不安、偏见或成见。

• 假设可能妨碍联结。假设可能妨碍我们看到他人的真实面貌，不易与他们建立真实的联结。

• 假设有时是懒惰的表现。进行假设不利于我们努力寻找自己需要的答案。

• 假设帮助我们逃避责任。假设可能成为逃避责任的便利方法，因为它们经常引导我们去责怪别人（比如，"因为他们是这样的，所以我没有尊重他们"）。假设允许我们创造一种叙事，或者将我们自己的缺点和行为合理化。

———

空间就像是自我存在的舞台。如果舞台上充满了不属于那里的人与物，表达自我就会变得困难，因为我们没有诠释那个最与我们相符的角色（成为那个人）的余地。海德格尔曾写道："倘若夜晚不过去，万物都压抑于犹豫不决的黎明中，崭新的一天要如何到来？"换句话说，如果我们的存在方式不能表现出最真实的自我，我们又如何成为真正的自己？

在清理的过程中，我丢弃了许多自我。这些自我版本是被动地、偶然地，甚至是意外地被创造出来的。然而，虽然海德格尔认为对自我的错误阐释是通往本真道路上的顽固障碍，他也认为这些错误是必要的。海德格尔认为，这些对于先验、对于此在本身以及其与存在基本关系的错误阐释，不是思想或才智的缺陷。这一切在此在的历史性存在中有其自身的原因和必要性。最终，必须有错误的阐释，此在才能通过修正这些错误而走向真正的现象学之径。

希望你能明白，在自我意识问题上挣扎没有关系，在过程中跌跌撞撞地犯错也没有关系。相信这一切都是过程的一部分，可以减轻一些压力，并帮助我们拥抱为人的本质。

美蕴含在决定行动的抉择中——去存在——就趁现在。

那么，你打算做怎样的大扫除，为你的自我存在腾出空间？

>> 严峻现实

有时，为了拥抱真正的自我，我们必须褪去所有不属于我们的部分。

>> 温柔提醒

亲爱的自我：

　　卸下包袱，轻快地前行吧！

Chapter 8　身体电流：与身体重建联结和对话

　　我一直很喜欢一句谚语——"鱼与熊掌不可兼得。"举个例子，你不能既享受放弃对身体负责任所带来的自由，又享受完全拥抱自己身体后的美妙体验。现实是，我从未遇到过一个拒绝或忽视自己身体却还能与自我保持亲近关系的人。当我们拒斥或忽视自己的身体时，其实是在拒斥或忽视自我的一个重要部分。为了真正地成为自我，就必须真正地与自己的方方面面都建立联系。

　　然而，与自己身体建立健康的联系似乎成了一件充满挑战的事。减肥潮流、社交媒体、广告公司、娱乐产业、其他社会准则，有时甚至是原生家庭，给我们设定了一些不切实际的标准，让我们在努力满足标准的过程中与自己的身体失去了联系。同时，也有被教导要无视自己的身体的人、从未对自己的身体感到舒适的人、习惯用身体去换取他人的接纳与爱的人、在身体上受到过伤害或是被性侵的人、遭受长期病痛或饮食障碍的人、患有先天残疾的人，以及因无法生育、享受性爱或因疾病而对自己的身体感到失望的人。

无论是什么导致人们无法与身体建立健康关系，通常都会导致三种结果（或其组合）：

- 与自己的身体失联；
- 过分关注自己的身体；
- 对自己的身体产生恐惧。

事实上，极少有人真正认识自己与身体的关系，或者决心去为此做些什么（或许即使想要改变，也不知从何做起）。只有在病痛发生、身体不按我们的心意行事，或者对自己的外貌感到不满意时，才会试图给予身体真正的关爱。随着时间的推移，身体变成了一种需要控制或改变的东西，而不再是带来享受、经历和学习的对象。

许多人不愿意积极关注自己的身体，因为他们认为身体理应配合自己，健康、美丽并为自己服务是理所当然的。为什么要认可或赞扬身体去做它的"分内"之事呢？我还听到过类似的言论："为什么我要感激服务员友善殷切的服务？这是他们应该做的！"这种态度真是令人惊讶。

最终，这种对身体的特权性立场会导致自我迷失。当我们像对待物件、奴仆或财产般对待身体时，就忽略了与它建立关系，以及相应地，与自我建立关系。你可能会对这种态度感到震惊，但不幸的是，这很常见。

这种对自己身体的思考方式通常根植于一种信念，即心灵和身体是相互分离或对立的（这也被称作二元论）。这种框架常常伴随着诸多假设，其中之一就是心灵和身体的重要性有等级上的区分——心灵是"良善而好的"，而身体是"罪恶而坏的"。这种假设的有害之处在于如果我们接受了身体是自我实现的累赘，就会产生"应该超越它"的想法。这会在不知不觉中剥夺身体的力量和意义，也会让我们失去与自己的联系。

在自我面前，没有哪个方面比另一个方面更重要。比如，尽管我们可能已经认识到有害的认知或情感模式，但如果我们忽视了与身体的联系，这种认知上的觉察便依然不足以让我们真正理解和改善自我。

那么，相信心灵比身体"更好"或"更智慧"的论断是如何产生的呢？部分原因是因为人们常常倾向于将身体简化为外貌和功能。身体仅仅被视为工具，而非一个整体的存在，一个感受、知觉和沟通的实体。因此，身体被视作与自我相分离的东西。这种失联或客体化改变了我们看待身体的方式。我们不再将身体视为自己不可分割的一部分（必须接受的事实），而是一个外部的东西（总是需要改善或改变的项目）。身体变成了一种可以拒绝或放弃的东西。有些人甚至将其视为陌生的、不属于自己的一部分。结果，对很多人来说，身体不再是一个安全的"空间"，而是变成一种用来获取爱与认可的手段，一种在社交中寻求自己位置的工具。

身体的价值常常取决于它能给我们带来什么。当然，身体提供的东西确实有价值，但我们的身体本身也拥有内在的价值和目的，缺少了它们我们就无法存在。让我们花一点时间去感受这句话。为了鼓励健康的思维模式和培养自我接纳，社会经常谈论自爱、积极看待身体或身体中性化的概念。这样的思潮很有意义，却忽略了实现目标的重要一环：对身体，以及对身体与自我之间联系的真正理解。缺少这一环，这些社会思潮几乎不可能成功。对我来说，这些方法有点像用急救包去做心脏手术。

为了改变与自己身体的关系，我们必须首先理解身体是什么。

对身体的存在性理解

不久之前，我在 Instagram 上提出这样一个问题："在什么情况下，你最能感受真正的自己？"我收到大量回复。在几千种不同的答案中，有一个最常见的主题："具身性"（embodiment）。许多人列出了一些能让他们参与其中并感受自己身体的活动：远足、舞蹈、拉伸、深呼吸、哭泣、做爱。正是这些具身性的时刻让他们感觉到了真实与活力，而且一切都是和谐的。

为什么这些答案里没有读杂志或者看电视剧呢？

因为具身性是创造本真的一种方式。对个体能动性、整体性以及连续性的认知都是基于具身性的，这意味着如果我们失去了身体，也就失去了通往自我的途径，也可以说就是失去了自我意识本身。作为人类，我们通过身体体验这个世界，并且在身体能够允许或限制的范围内感受并与周遭事物打交道。身体是生命涌人的闸门，是力量的源泉。

法国哲学家莫里斯·梅洛-庞蒂以其对现象学理论发展的贡献而闻名。他写道："身体是我们用来拥有世界的重要媒介"，以及"内外不可分割。世界完整地在我之内，而我又完整地在我之外"。总而言之，我们能够通过体验身体去体验自我。自我并不是在意识中被"找到"的，而是在"生活着的身体"中的。生活着的身体允许个体去体验、参与并把握生活。

从存在主义的角度出发，作为人类，我们不仅"拥有"身体，且对自我和他人而言，我们就是我们的身体本身。身体不仅仅是一具躯体加上跳动的心脏，它比我们在镜子里看到的更多。尽管身体具备客观上的能力和限制，也具备外貌和功能，但它不仅仅是生物性的输出工具或是被思维使用的工具。我所理解的海德格尔的"此在"（存在于世）是一种主观自我（心灵）与客观自我（身体）之间的互动动态，在这种互动中，它们相互妥协并塑造彼此。只有当我们的身体融入生活体验，并且保持了与感觉和情绪的紧密联系时，这种互动才会发生。此时，身体感知表达了生命和存在。

1. 身体—主体与身体—客体

当某人的目光落在我们身上时，它便照亮了我们的存在，并肯定了这个当下。这就是为什么当某人拒绝直视我们的眼睛，或者只瞟了我们一眼时，我们可能会大喊："喂！我在这里！看看我！"我们希望自己的存在被肯定、认同并接受，而我们只能在拥有身体的情况下才可能被真正接受。身体不仅仅代表它自己，它还表达了我们是谁。

萨特举过一个著名例子：一个人躲在钥匙孔后面观察发生的事情，突然间，这个人听到背后传来了脚步声。这个瞬间让这个人意识到自己从观察者变成了被观察者。这种被观察的行为让这个人意识到自己成了他者的客体。这并非因为观察者突然"客体化"了这个人，而是这个人在意识到被观看时对自己产生了这样的认识。

你有过下面这种经历吗？在等地铁时，你侧过头去想看看身边的陌生人在读什么，突然，他跟你对上了眼神，然后视线又马上移开了；或者当你在车上大声哼唱着你最喜欢的歌时，突然发现旁边的司机正看着你。在这两种情况下，你可能会觉得尴尬，因为现实是，被感知会让人感到不舒服。个体的自由从"自在"（l' être-pour-soi）转向"他在"（l' être-pour-autrui）。这意味着从自己感知的属性（对自己的理解）转向建立在别人对自己的看法上的属性。

同样，在我们自身对他人（客体）的感知和叙事中，重要的是要了解我们实际上获取的是关于他者的间接知识，而不是直接的了解。因此，我们对他人的认知实际上是为了让我们更好地体验自我。我们得到的是这个人在我们面前的呈现，以及我们对其观念的体验——这些最终给予了我们更多关于我们是谁的信息，而不是关于对方是谁的信息。

我希望你能记住，我们是谁是由我们如何在这个世界上展现自己并体验这个世界所决定的。然而，如果没有身体，我们便无法在这个世界上展现自己或者做任何事情——我们无法存在。我们与身体的关系，以及我们的身体与他人的关系，是复杂且彼此交织的。它允许我们去发现自己的独特之处，以及"做自己"到底意味着什么。如果我们感到与自己的身体失联或切断了联系，我们就失去了活力的源泉，就丧失了自我意识。

2. 失联

许多人已经逐渐与自己的身体失联了。在当今社会，花几小时在线或刷手机到两眼发黑的情况已司空见惯。这样做不仅能够释放多巴胺（大脑中负责"感觉良好"的激素），还允许我们暂时与自己的存在断开联系，感觉就好像自己的一部分在漫无目地摆弄电子产品时消失了。

这种"消失"感会在我们身体的存在被简化为一种简单的物理状态时发生。这时候的身体就像一台机器，它泵送血液、呼吸空气、回应各种刺激，但不再是自我理解、与他人的关系、自我表达的源泉。这就是失联的意思。

对一些人来说，这种失联是逐渐发生的，是灌输或模式化的结果。对另一些人来说，则是一种不愉快或痛苦经历（比如家庭成员的去世）或创伤性事件（比如一场车祸）的结果。与身体失联最难处理的部分是我们通常意识不到它的发生。接待来访者时，我总是会和他们探讨自我与身体的关系。我通常会观察对方如何描述自己的身体、如何对待它，他们是将身体视为自我整体的一部分，还是仅仅将其视为一个物件。我会注意他们是否对身体进行了简化解释，并且经常会问，如果你的身体可以说话，它会说些什么？你的身体正在倾诉什么？

米莎是位二十四岁的女性。在她看来，恋爱就是她世界的全部。她来找咨询师是为了倾诉她的感情关系，并得到一些"如何让感情顺利"的小建议。她对自我非常了解，情感上也很敏感，然而我坐在那儿，感觉我并没有触及全部真相。我感觉无论我如何接近她，总是无法真正看到她。我不觉得米莎是在故意隐藏什么，只是觉得她没有完全理解自己。

这几年来，我开始明白，当大脑无法想清楚时，身体通常会给出真正的答案。所以，在谈话的某次自然而然的停顿中，我请米莎闭上眼睛，在均匀深呼吸的同时花六十秒时间去想她的伴侣。我按下了秒表，仅仅几秒钟后，她的眼泪就流了出来。最终，眼泪变成了停不下来的啜泣。六十秒倒计时结束后，米莎不可置信地睁开了眼睛。人生中第一次，她意识到她害怕自己的伴侣。她的身体知道她所不知道的事，保留了她竭力想要忘却的事。答案找到了：她在关系中挣扎是因为她感到并不安全。

当我们不询问或倾听自己身体的声音时，就更有可能无视自己的体验，从而更难意识到自己真正需要什么，并做出相应的改变。我们需要真正接受身体的存在，给它一些决定权，这会增强我们对自我的理解而不是限制它。这对那天的米莎来说也是重要的一课。

自我与身体的失联在生活中常常出现。促成这种失联的因素往往是隐蔽且长期存在的，大多数人甚至没有意识到我们被教导去无视和不信任身体，或将身体推到极限。以下这些你我都可能听说过的话语，其实助长了这种分离的关系：

- "别哭了。"（即使你很难过）
- "现在不能去洗手间。"（直到下课都要无视身体发出的信号）
- "不能剩饭。"（即使你已经饱了）
- "别吃了，这样才'苗条'。"（虽然你很饿）
- "别抱怨。"（虽然你很疼）
- "你需要有完美的身材。"（可以指责它并且做任何能去"修正它"的事）
- "你的身体是为他人服务的。"（你不需要建立跟它的关系，只需使用它）
- "再努努力。"（这样别人才能看到成果）
- "死后自长眠。"（无视身体的需求）
- "别大惊小怪。"（麻木或者无视你的不适）
- "别不知检点。"（克制你的性需求或表达）
- "别这么夸张。"（不要用他人不喜欢的方式表达你自己）

这种身心断联可能以任何出人意料的方式出现。我最早的一批来访者中有一位即将三十岁的男性，他来咨询是为了探讨他沉溺色情片和自慰的习惯。他意识到这些习惯影响了他的情感和约会，并且担心自己永远无法拥有幸福的长期关系。在几次咨询中，他表达了一个困惑，那就是没有任何理由能够阻止他每天打开电脑看色情片，并进行五到八次自慰。他对自己感到恶心，因为他总是将女性客体化，而他知道这么做是对女性的贬低。在咨询过程中，我能看出他在认知上明白这一切，但他与自己所说的一切是如此割裂。他没有表现出任何感情，脸上只有空洞的表情，就好像在读一个别人为他写的剧本。他的困惑最终变成了愤怒，而愤怒又变成了无助。

在与他的几周咨询中，通过倾听他的叙述，并且常态化他的体验，我逐渐注意到他在谈论自己的身体时采用了一种特殊的语言。他在描述自己的性器官和欲望时，表现得极其粗俗，充满自我厌弃和疏离。最初，这很容易被忽略，因为他对他人身体的描绘过于露骨。

渐渐地，我开始引导他转变谈话的方向。我们不再讨论他与他人身体的关系，而是开始讨论他与自己身体的关系。不久后，他得出一个结论，那就是他寻找的并非性满足，而是与自己的联系。他发现自慰是一种让他感到踏实和存在感的方式，自慰让他感到在场。他很快意识到这个习惯起源于一次创伤性事件（起初他并未将其视为创伤）。在意识到这一点后，他的困惑很快转变为同情，而他的觉察也变成了行为上的改变。

这名来访者的经历深深地印刻在我的脑海中。这并不是因为他是我的第一位男性来访者，或者因为这是我第一次处理关于自慰的话题，而是因为他教会了我两件重要的事：首先，无论是否意识到与身体的失联，每个人都渴望与自我的联系；其次，我们都有关于自己身体的叙事（这名来访者认为自己是"失控"和"坏"的），如果我们不花时间去审视，这些叙事会在未经允许的情况下塑造我们与自我的关系。

3. 身体叙事

想象一个女人独自走在纽约午夜的街头。她双手拎着高跟鞋，赤着脚，眼角周围是晕开的睫毛膏。她看上去喝多了，头发和裙子都乱糟糟的。因为低头看手机，她一头撞在了你的身上。当你转身看向这个侵犯了你个人空间的人时，她甚至没有抬头道歉，而是继续走着。

大多数人会觉得有点反感，会就事情发生的时间、她的外表和行为而做出简单的假设。还有一些人会直接跳过这些，得出不友善的结论。然而，人们无法做到，或者说他们不可能提供的是对她经历的特殊性的同情（因为他们不知道她经历了什么）。

但是……

如果你知道她其实刚刚发现了丈夫出轨，当面找丈夫对峙时对方暴怒，抓着她的头发将她推到墙上呢？她既害怕又心烦，拎着鞋子就从家里跑了出来，发消息让她的好朋友来接她。

如果你知道这个女人刚刚在酒吧给朋友开庆祝派对时，接到了父亲被送进急救室的消息呢？虽然喝得醉醺醺的，但她立刻离开了酒吧，脱下高跟鞋，这样就能快一点打到去医院的车。

如果你知道她刚刚在酒吧喝多了，和别人的男朋友搭讪，结果引发了一场公开的争执呢？她没有退缩，继续大喊大叫，向那对情侣高声咒骂，直到被保安要求离开。

如果你认识这个女人，在她撞到你之后，才发现她是你的表亲、朋友或者同事呢？

如果你在她身上看到了自己呢？

每种叙事是不是都会让你对这个故事中主人公的观感有所改变？当然。我们知道越多的细节，我们对某件事情的看法就会发生越多的变化。

去爱，甚至仅仅是喜欢一个我们不太了解的人是很困难的。在被距离或者缺失的信息阻隔的情况下，意识到某人真正的价值是很难的。与没有交流的人建立真正的联系也是很难的。当我们与陌生人（或与不熟悉的人）相遇时，很容易评判、恐惧对方，或者妄加假设。我们很容易将陌生人当作空白的画布，投射出自己的偏见和不安。

如果我们的身体是自己不认识的陌生人，我们也会对它做同样的事。相应地，自我陌生化就会加深。然而，当我们更多地认识和了解自己的身体时，就更容易建立一个扎根于现实中的叙事，促使自己在自我认知和自我体验之间达成和解。

只有当我们愿意去面对并理解自己的身体（在不同程度上），才能够真正地拥抱亲密、尊重和同情。这是我在心理咨询工作中，用来帮助来访者与自己身心关系和解的基本原则。如果我们挣扎于接受自己的身体，就很难抵抗任何恐惧和批评。要理解自我，就需要拥抱并愿意去接受身体所包含的一切——智慧、深度，以及所有构成我们本质的其他各种元素。

对身体的叙事有时取决于自我想要如何解读它，以及认为与其保持怎样的关系是有益的。比起说"我不喜欢自己"，说"我不喜欢自己的身体"显得更容易、更安全。我在工作中发现，许多人将自己的不安和失望投射在身体上。他们不愿面对自己在建立关系方面的挣扎，更愿意将自己被抛弃的原因归咎于身体（"一定是因为我长成这样"，而不是因为自己对待服务员的粗鲁方式，或者因为双方缺少共同点，或者因为各自在关系中想要不同的东西）。在某种程度上，身体成了自我故事中的替罪羊。

你了解自己身体的故事吗？是什么样的叙事和理念塑造了你对身体的感知？

也许你可以试着从为自己定义"身体"这个词开始探索，以下这些问题将会对你有所帮助。根据你独特的经历或既有观念，下面的有些问题可能比另一些更难回答，但无论如何，探索身体与自我的关系都重要极了。

- 身体对你意味着什么？
- 你会如何描述自己与身体的关系？
- 你希望你与身体的关系有怎样的改变？
- 什么样的事件影响了你与身体的关系？
- 你的身体如何帮助你？在什么情况下它伤害了你？
- 你从与上一代以及与自己的关系中习得了哪些关于身体的知识？
- 你觉得自己的身体是一种财富吗？它会让你感到不安吗？

- 你希望如何谈论你的身体：它、她、他、他们、自我，等等？

- 在与你身体的关系中，哪些情感创伤需要被治愈？

- 你对身体有什么样的期望？

- 你的身体像你自己的吗？

- 你在什么时候最能感受与身体的联结？

- 你觉得自己忽略或者没有正确表达身体的哪些方面？

改变与自己身体的关系始于重新评估并书写关于它的叙事和观念。为了帮助你开始这个过程，我将展示一些人对身体持有的偏见，希望它们能够帮助你开始思考自己的身体叙事。

叙事一：我的身体不是个安全的地方

一个最常见的叙事就是身体并不是个安全的场所。如果我们总是感到身体在与自己对抗，就更容易无法信任或欣赏自己的身体（比如在惊恐发作时）。身体自然衰老的过程也可能让我们感到威胁，我们会焦虑于衰老是否会贬低我们的"价值"。作为人类，我们很容易对未知和无法控制的事情感到恐惧。不幸的是，我们的身体一直在发生各种变化（形态、重量、高度、发色、肤质的变化，以及骨骼的老化）。这就是为什么我们与身体的关系总是复杂且暗流涌动。事实是，我们的身体会损耗、会衰老，最终会报废，这使得我们倾向于对身体的变化感到不满甚至羞耻

173

（即使身体只是在兢兢业业地做它的工作）。不满使我们无法拥抱自己和身体之间这份长久的（如果幸运的话）关系。此外，我们被社会教导要"改善"身体，并且在每次试图增强、改变身体，或让身体看上去更"完美"时受到奖励。这样的身体怎么会让我们觉得是个安全的地方呢？怎么能不成为故事里的坏人呢？

我们必须改变这种叙事，为此，我们需要相信身体的智慧和力量。

我清楚地知道无法将自己的身体视作一个安全场所的感受。就像许多人一样，我曾常常感到失联、内耗，并且对身体感到不同程度的恐惧。

恐惧不是我与自己身体关系中的第一个冲突，却是迄今为止最为消耗我心力的一个。在二十岁出头的时候，我被自己的惊恐发作吓坏了。我认为自己的身体喜怒无常、毫无理智，没有任何预警地便可能会让我动弹不了。而对自己身体的恐惧的种子，其实在高中时期一通诡异的电话中就种下了。

那是十六岁时一个独自在家的清晨。我在上学之前接到一通电话，电话里的男人表示他正在进行一个"调查"。我感到很意外，并且有一种每次接到这种意外电话时都会随之而来的恐惧。电话那头的男人开始问我多大，我立刻告诉他我还没有成年。按道理，一个正常的调查在这时应该已经结束了，但就在我快要挂电话的时候，他竟然说"没关系"。这句话让我感到有些迷惑，所以没有立即挂断。

起初，他的问题听起来无害，比如我听什么音乐、看什么电视、喜欢穿什么牌子和颜色的衣服。然后他开始问一些更私人的信息：我的年龄、身高、发色，以及我在哪里上高中。

我脑海中的警报器已经在尖叫，于是我撒了谎。但每当我这样做，他都会以一种他知道我在撒谎的方式讪笑，或者嘟囔着："嗯……"然后他问："你内衣的尺码是多少？"

我陷入了沉默，心一下子跳到了嗓子眼。几秒钟后，他说："喂？"我一下缓过神来挂了电话。

后来我查看了来电显示，把这个号码拉进了黑名单。

也许这只是一个恶作剧，也许不是。不管怎样，它都是一个威胁。那些问题的性质以及接踵而来的事件——更多的匿名电话、停在屋外或者在屋前徘徊的陌生人——让警察认为我被一个人口贩卖团伙盯上了。他们做出的一个假设是，因为我每天都走相同的路去学校，所以也许他们已经跟踪我一段时间，并且已经知道我的长相了。我感觉受到很大的威胁，而我做的第一件事就是责怪我的身体。从那时起，我常常想，如果我没有长成现在的样子，就不会陷入危险。如果我的身体不那么引人注意，也许人们就不会想要占有它或者伤害我。

时间快进到我大学刚入学的前几个月。那段时间里，我开始被人跟踪（我没开玩笑，真的是遇上了像那种"我会杀了你的男朋友然后把你关进地窖"的跟踪狂）。他坚信自己听到上帝的声音，说他是新的亚当，而我是他的夏娃。在他的脑海中，我们注定要结合并传播"良善"的信息。每当我环顾四周时，总是能看到他在和我隔着一段距离的某处观察。我去哪儿，他都明目张胆地尾随。我再次感觉受到威胁，而我身边的人在我这个行走的靶子旁边也变得越来越不舒服。后来，尾随者被安保系统视作不安定因素，最终送进医院去做心理健康治疗了，但我对自己身体的恐惧性叙事又加深了一步。

如果我化妆打扮，露出肌肤，会陷入危险吗？我的样貌是生命的威胁吗？在这个世界上露面是安全的吗？每当离开家门时，这些问题都会萦绕在我的脑海中。我花了将近十年的时间才让这些恐惧的念头沉淀下来，重新建构一个叙事。我也总是在走路时将钥匙紧握在手中，极少化妆，而且从不穿任何露出太多肌肤的衣服。我知道我绝对不是唯一一个在这种叙事中挣扎的女性。

叙事二：身体是一个工程

我们的身体常常被剥夺了它的深度和目的，赤裸裸地任由社会需求摆布。有时我们会感到快乐取决于自己的长相，而样貌好坏的标准总是随着当时文化认可的理想型发生变化。从小到大，我看了无数的电影，其中一个常见的情节是，一个有点傻气的女孩在遇到真爱之前，总要在背景音乐的陪伴下体验一次丑小鸭变白天鹅的经历。但即使是漂亮又受欢迎的女孩也永远无法对自己的身体满意。你们都看过电影《贱女孩》吧？有一场戏，三个女孩站在镜子前，细数她们讨厌的自己身体的部分：屁股、小腿、肩膀、奇怪的发际线、太粗的毛孔，以及形状奇怪的指甲床。琳赛·洛瀚饰演的女主角看上去被一个人的身体可以出这么多的

"错"这件事震惊了。真相是：对社会来说，没有任何身体或对身体的改造是"足够的"，因为"完美"的标准本身既多变又不切实际。我们被鼓励看上去要像社交媒体或电影里的女性，而她们中的许多人其实也不喜欢自己的模样。

出于各种原因，许多人接受了通过外表赢得自我价值的挑战。我的来访者中有很多人都极其严肃地对待这个工程，为追求不可达到的完美主义而牺牲了很多重要的东西，比如自我。

艾斯特与自己身体之间的战争从她记事起就开始了。令人不安但并不意外的是，她的成长过程中伴随着母亲无数的批评。在青春期开始之前她就被告知"你太胖了"，必须减肥。成长过程中，她缺乏信心，挣扎于与他人（尤其是男人）以及自我的关系。她内心的声音总是不友善，甚至恶毒。她深信，如果能长得不一样，所有问题都会烟消云散。她会爱自己，男人会想跟她约会，她也会获得家庭的认可。

因此，她开始了极度克制且危险的节食，并进行了五次整容手术。最初，她做的是自己认为"需要"的手术：丰唇，以及在身体瘦下来之后切除多余的皮肤。但随后，手术项目变得越来越像是"微调"，比如隆胸。这些手术给她带来了快乐，但这种快乐并不长久。在最后一次恢复过程极为痛苦的整容手术后，艾斯特突然意识到，她的外貌永远无法解决她的问题，或者改变她对自己的感受。她为自己身体经历的危险和苦痛感到难过。尽管她将自己的身体改造成了符合主流标准的"完美"样子，她仍然挣扎于去爱自己、接受自己，仍然对自己是谁感到不快乐。没有任何身体上的改造能够抚平她的不安、羞耻以及对于自己"不够好"或"不值得被爱"的焦虑。她没有意识到她真正的价值，而减肥或隆鼻都不能解决问题。

在一个疯狂追求完美形象的社会里，很容易出现为了外貌而不珍惜、糟蹋身体的情况。然而，过分专注于外形，就好像是在赞美世界顶尖心脏外科医生的秀发——如果你只关心自己的身体看上去如何，那就是从自我那里抢夺了你的完整性和目标感。

叙事三：身体是工具

崔莎快三十岁了，她发现自己正处于人生中最长的一段亲密关系中：五个月了，而且还有一个即将出生的孩子。一天，她来到心理咨询师那里，因为她为自己的性生活状况感到焦虑。她担心怀孕带来的生理不适会导致关系中性爱的次数减少，而她的伴侣会因此离开她。虽然她知道自己有许多吸引人的品质，但仍然觉得如果伴侣在性方面得不到满足，这些品质就不足以留住他。她享受与他的性爱，但她认为性爱的主要功能是保证他的快乐。这对她来说并不是一个新想法，她从青春期开始之前就习惯于用自己的身体去讨好、去依附他人，并获得他人的接纳。她会在派对上与男孩子亲热，这样她就会一直被邀请参加。然而，每次的结果都是一样的，她会觉得被利用且内心空虚。那是因为我们的身体不是可以借给他人使用的工具。身体是自我的一部分。崔莎没有意识到她牺牲了什么，因为她没有意识到自己身体的巨大价值。

这并不是我们说不能与自己的身体齐心协力达成目标，比如跑马拉松、在客厅跳舞，或者自慰。而是说，当我们把身体当作交易的筹码，或者将自我从对身体的体验中抽离出来时，当我们失去了对身体的神圣性及其重要性的认识时，就削弱了身体真正的价值。试着问问自己：

- 你曾经以不符合自己身份的方式使用过你的身体吗？
- 你曾经以一种不和谐的方式行动吗（感觉不"对"）？
- 你曾经认为你的身体是工具，而不是自我的延伸吗？
- 你曾经失去了对身体即生命之源这一事实的认知吗？

叙事四：身体是为他人存在的

很多人只会在他人认可的前提下承认自己身体的价值。他人对待我们的方式也映射了我们对自己身体的叙事。我有一位名叫奥利维亚的来访者，她来咨询时刚满四十岁，是一位聪慧且成功的女性，却在约会方面十分挣扎。她在事业上的成功和远大目标吓退了许多约会对象，此外，很多人在知道她是处女之后也马上丧失了兴趣（至少她是这么理解所发生的一切的）。她在一个家教严格的家庭长大，虽然她不认同成长过程中被教导的贞洁文化，但又必须面对自己严重缺乏性经验的事实。

她将自己形容为"不被渴望的"以及"缺乏女性魅力的"，

因为她的身体没有被渴求过，她也没有过性体验。渐渐地，她开始因为别人缺乏兴趣而贬低自己的价值。奥利维亚提到她觉得自己"不像个女人"。我明白这种想法从何而来：如果她认为自己的身体是为了他人存在的，那么他人的兴趣寥寥就降低了她对自己身体的欣赏，进而削弱了自信。

因此，奥利维亚开始尝试阅读色情小说、购买第一个震动棒、主持相关的线上讨论小组，以及开始参加一个免费的性聊天室。即便如此，她仍然觉得自己"不够格"，于是为了表达自己的欲望和幻想，她开始写色情小说，并且开始与自己的感性自我建立联系。但由于现实生活中的约会经常无疾而终，她在来访中常常表示对自己被冷落感到很灰心，尤其是在坦白自己没有性经验的事实，或者因为某人开了一个刻薄的玩笑说不想对她的第一次"负责"之后。他们想"玩一玩"，但并不想当她的"性爱教练"。他们也会好奇她哪里"出错"了，认为到了四十岁还是处女是不正常的。最终，她开始自我放弃（故作冷漠、开不合时宜的玩笑、逃避脆弱情绪、拒绝诚实），以此把别人推开，并延续"因为她是处女，所以没有人想要她"的叙事。内心深处，她对自己的身体感到失望，并且害怕尝试新的事物。她赋予了她的处女之身过多的意义，不愿轻易放弃。

不自觉地，奥利维亚让他人的行为，以及自己的假设和恐惧塑造了她最重要的关系——她与自己身体的关系。

试着问问自己：别人的行为或言语是否影响了你对自己身体的感受？这些影响是什么样的？

重建与身体的联结

虽然与身体建立或重新建立联结不是件容易的事，但也非不可能。解构叙事之后的下一步就是重建——不仅仅是一个新的叙事，还包括重建其中的关系。仅仅从认知上"理解"身体是不够的，我们需要能够体验它，将一切具身化。完成这项工作需要情感和心理上的驱动，同时也需要身体上的联结。

下面是六种与自己身体建立联结的方法：

1. 关注你的自我对话

首先，注意你如何与自己的身体对话，如何谈论自己的身体。如果你没有善意的话要说，那就什么都别说。当有人赞美你的长相时，不要否认，也不要开自我贬低的玩笑，享受这个赞美。如果你选择与身体对话，无论只是在心里想还是大声说出来，确保言辞是诚恳的。你不需要"积极"，只需要带着尊重。试着不要在他人面前批评自己。一个黄金法则是，如果你不会对你最好的朋友这么说，就不要对自己这么说或这么想。我知道这样做有多难，它需要纪律和训练。不要因为一时没做到就感到灰心。第一步只是观察，并试着不要对自己残酷。随着时间的推移，你会发现善意会更容易到来，而且你会更尊重自己的身体和自己。

2. 保持好奇心

允许你的身体参与对话。这意味着倾听它在任何时刻的真实愿望。它需要休息还是新鲜空气？它现在不想立刻做爱吗？你的身体语言和心率在试图传达什么？保持对话的开放性，并慢慢学着与身体的各个部分建立亲近感和亲密感。思考为什么头痛似乎只会在做某些特殊的工作时出现，或者为什么你在见伴侣之前会突然感到焦虑。你的身体充满智慧，所以请倾听它想说什么。不要限制或削减对它的理解。认识到你和它的关系是动态的，同时你必须保持警觉，以应对这个复杂且不断变化的存在。

3. 认识并满足你身体的需求

当你的身体给出清晰的信号，表示它需要喝水、睡觉、进食或运动时，不要认为你比它更了解情况，也不要无视这些信号。满足身体的需求，就是在建立自我信任，展示对自我的尊重。

4. 运动并与身体互动

给你的身体机会去运动和表达自己，这会帮助你真正体验作为自己的感觉，因为通过这种方式，你能够以一种更亲密、更自然、更脆弱的方式了解你的身体。跳舞、饮食、写诗、远足、游泳、跑步、做爱。做一些让你能够感受自己心跳的事情，让你能从头脑中解放出来，唤醒你的五感。如果一开始感到有些不知所措也没关系，你总能在尝试中找到喜悦和自由。尝试不同的活动，看看哪些与你相契合，将注意力放在那些让你觉得自己真正活着的事情上！我的来访者做过以下这些尝试：

- 放一首与自己心情相符的歌。
- 找到一个自己觉得私密且能自由活动的空间。
- 点燃香薰蜡烛，将灯光调暗，打开窗户透透气，或者铺开一张瑜伽垫。做任何让你觉得平静、愉快的布置。
- 按下音乐播放键，然后按照你身体想要移动的方式去移动。让身体引导你。这可能是拉伸、舞蹈、跳跃、躺到地上再缓缓坐起、有意识地呼吸等等。
- 不要试图让动作看起来漂亮或具有任何结构，也不要在镜子前面做。关键是让你的身体以任何它选择的方式表达自己，不要顾虑太多。

当新冠疫情席卷全球，我们都被迫待在家里时，我也开始每天做这样的"练习"。一开始的确感觉很尴尬，但当我真正专注于通过观察、实践以及放下自我来获得释放、联结和亲密感时，自己是否看上去可笑就变得无关紧要了。我意识到，真的，谁在乎呢？如果我望向窗外，看到有人在旁若无人地跳舞，我只会感到被打动并受到启迪，甚至有些羡慕。

尝试与身体互动之后，请你花一些时间进行反思。你有什么样的情绪、想法，甚至判断？你在身体的哪些部位体验到什么感受？你的肩膀和胸口？你的胃里？你的前额？完全放松并且信任是一种什么样的感受？你会发现随心所欲地倾听身体很难吗？继续坚持下去。我保证，倾听你的身体想说什么会变得更容易。

5. 身体扫描

许多人对自己身体的直觉缺乏意识，或者任由压力一直积累，直到变成身体上的疼痛或情感上的表达。

让我们一起试试一个练习：闭上眼睛，做几次深呼吸，并消除身体中积累的任何紧张感。紧张感在哪里？现在试着描述这种紧张。这是一种什么样的感受？是燥热的，还是猛烈的？是放松的，还是绷紧的？它像一块冰吗？它会移动吗？如果这些身体上充满压力的部位能够说话，它们会说什么？（我的紧张感经常会累积在我的下颚上，或者体现为肩膀的紧绷和疼痛。）

现在，再次扫描你的身体。找出最为放松、集中并且踏实的部位。你意识到了什么？身体的哪些部位是没有紧张感的？那种感觉是什么样的？描述这种感受。再次问自己，如果这部分的身体可以说话，它们会说些什么？（我的身体会说"你是安全的""来观察内心的平静"，或者"没事，会好的"。）

这个简单的练习不仅能帮助我们更加意识到身体在任何时刻是如何体验和回应世界的，也能帮助个体在当下具身性地稳定自己。

6. 动态呼吸

首先，注意你的呼吸。不要试图控制它。它是浅的，还是深的？是迅速的，还是缓慢的？现在，我希望你能深呼吸到肺部的极限。观察你是如何保持屏气的，屏住呼吸直到你"被迫"呼气，然后最大限度地呼气直到你"被迫"吸气，再次往复。这样做的目的是有意识地经历这个转折点，当你看似没有任何力量时，却仍旧能够接受身体智慧的指引。你会感受到生命力进入你体内。你能学会用信任自我的方式去加深你的自我。

这个练习也可以很好地提醒我们，虽然我们在一定范围内拥有自由，然而身体有其底线，即使是最坚强的意志力也无法打破这种坚硬而不可穿透的阻力。身体的力量会让我们低头。这不是一种威胁，而是一种激活。它允许我们感受到生命的力量，并且培养对自我更自信、更平衡、更踏实的感受。

记住，所有的关系都需要时间、注意力和坚持不懈。只冥想或拉伸一两次是完全不够的。你与身体的关系是需要精心培育的，身体不仅仅是你时不时使用的工具。学习如何尊重身体的智慧，允许它参与对话，并且以它是你存在的基础组成部分的方式对待它。时刻保持正念，记住，身体是通往世界和自我的途径。

———

如你所知，九岁时，我在避难所度过了感觉无休无止的几个月。随着时间的推移，我的家人和我学会了假装自己的身体不存在，以此抑制无法满足的需求。唯一保存了我们人格和尊严的时刻，是通过音乐和舞蹈表达自我的时刻。在这些罕见的时刻，我们说了平时害怕说出的话，开始去相信因为平时太过谨慎而不敢去抱有的希望。正是在这些具身的时刻，我发现了微小但宝贵的自我片段。

当我们不被世界认真对待时，当我们的生活受到威胁或者被认为是无关紧要时，正是我们需要感受自我并证明我们存在的时刻。这是一个积极的过程，一个反叛的过程。如果我们与身体的关系是消极的，那么这种关系就会保持消极的特质——缺乏统一、投入、持续性以及欢乐。只有当我们意识到身体的价值、重要性和力量，并选择以尊重的态度对待它时，才能积极主动地与它互动。

没有身体，就没有自我。然而，大多数人并没有学会如何与自我建立联系。现在是自我教育的时刻了，缓慢地、温柔地、耐心地。首先必须从被绑架的叙事中解放出来，继而允许身体去深入理解自己是谁。我们无法只看一幅画作的一角就理解它的完整意图，或者把握它全部的美。我们就是那幅完整的艺术品，而我们的身体仅仅是画布，是通往存在的入口。放慢脚步，稍作停留，我们就可以恢复自己的存在感、活力，以及与身体的联结。也只有通过这种方式，我们才能修复与自我的联系。

>> 严峻现实

无视或拒斥自己的身体，就无法与自我亲近。

>> 温柔提醒

你的身体有许多话想说。倾听吧。

Chapter 9　感受一切：体验并表达我的情绪

体验并表达我的情绪

在这个社会中，无论是他人的情绪还是自己的情绪，似乎总会让人感到不自在。你很少会听到有人说："天啊，你看到昨晚的派对上凯伦有多情绪化吗？"然后把它当成一种赞美。同样地，当目睹某人捂着枕头尖叫时，大多数人也不会觉得："太棒了！女王！你完全是人生赢家！"

表达自己的情绪（尤其是"消极"情绪）时，我们经常会被嘲笑、批评，或者被认为出于某些原因没有做出"更好"的选择。不知为何，"情绪化"成了"不理智"或"失控"的代名词。我们常常因为拥有情绪而感到尴尬，并让他人也有同样的感受。

不仅是愤怒或悲伤，我们也不喜欢表达喜悦或激动。当你看到某人与老友重逢、赢得比赛或见到名人而手舞足蹈时，不知道你是否曾在脑海中对自己说过"这个人太激动了，应该冷静点"或者"这表现有点过头了"。反正我曾因为自己过于激动的言行而感到羞愧。

但让我们先不要急于批判，而是讨论一个事实：大多数人无法忍受目睹或感受情绪，因为他们不知道如何处理它。无论是社会、家庭，还是教育系统，都没有教会我们许多基本的人类技能，比如设立界限、交流、培养自我意识、建立有意义的关系，以及如何健康地互动和表达情感。

更糟糕的是，我们还得花费力气去格式化之前所接受的错误教育。有多少人曾被告知自己太过分、太戏剧化或太敏感了？有多少孩子被教导在兴奋时要降低音量，或者在生气时被关禁闭？又有多少人被教训过"不要再哭了"，甚至是在父母没有了解过他们为何哭泣的情况下？这些情况太多了。

被称赞"成熟"的孩子，往往是被迫压抑自己情绪或照顾父母情绪需求的孩子。这些孩子，后来就成了坐在我办公室里的成年人，竭力学习如何不再优先照顾他人的情绪而忽视自己的情感需求。在这样的家庭环境中，情绪经常被无视、压抑，甚至在更糟糕的情况下会受到惩罚。我的许多来访者很少看到他们的照料者表达情绪，他们自己的表达方式也往往令人困惑，是压倒性的、毁灭性的或伤人的。许多人不被鼓励去辨别或表达自己的情感和情绪，同时还要面对各种轻视或质疑，比如来自父母的质问："真的有那么糟糕吗？""我以前吃的苦更多！""你到底有什么毛病？"

一旦我们的情绪在家庭中被拒绝，我们就更容易假设它们在所有关系中都会被拒绝，也更容易自我否定这些情绪。许多人经

189

常被要求解释、证明或为自己的情感辩护，而不是感到被接受、肯定或支持。如果一个人的情感需求几乎从未真正得到满足，随着时间的推移，他就会认为感受是没有意义或不安全的，表达情绪是一种弱点，甚至对他人来说是一种负担。这就是为什么许多人从幼年起就与自己的情感建立了受限的关系。他们学会了情绪是不值得信任的，应该被隐藏、控制或批判。如今，当他们意识到自我表达是成为真正自我的唯一途径时，从前的教训却反而成了他们实现真实自我的阻碍。

面对那些必须打破的家庭模式或榜样所创造的代际循环，感到困惑或失望是很常见的。也许在某些时刻，这些行为和理念可能确实起到某些特定的作用（对他们和对你）。无论你的情绪是否让你感到轻松，无论你选择逃避情绪还是在挣扎于控制情绪，如果你发现自己与情绪的关系已经不再对你有益，那么现在就是改变它的时刻了。

———

我不打算深入探讨情绪背后的科学解释（有很多讨论它的书）。相比之下，我想讨论情绪的哲学性。你准备好了吗？

我曾学到情绪是被感动的体验。多么美好啊。我甚至会更进一步地说，情绪是自我的内部运动。它们不仅仅是感受某事的主观方式，更是存在的脉搏。

理解情绪的价值和重要性非常重要，尤其是对那些挣扎于通过情绪找到原因或目标的人来说。

然而，虽然情绪如此重要，但神经学家兼作家吉尔·博尔特·泰勒的研究显示，一个情绪的生理过程大约只会持续九十秒。她写道：在一些边缘系统中（情绪性的）回路能够自动地被引发，一个回路被引发并贯穿身体只需九十秒的时间，然后完全被血液流动排出体外。

这让人震惊，不是吗？你很有可能花了超过九十秒的时间来感到愤怒、悲伤或快乐。那么，为什么情绪会在我们的身上持续更长时间呢？

一个简短的答案是，因为我们不断重复讲述自己的故事，正是这些叙事一次又一次地激起了最初的情绪。我们没有去真正体验这些情绪，也没有关注自己有何感受，身体内部有怎样的反应，而只是依赖于那些最初激起情绪的想法。我们太过纠结于引发感受的想法或情境，执着于赋予它们额外的解释或意义，这使得我们被情绪所挟持。

那么，个体能在多大程度上选择自己的感受呢？如果我们持续地喂养这些负面的叙事或在它们中筑巢，就是我们自己的错吗？吉尔·博尔特·泰勒博士的回答是："在九十秒的情绪周期结束后，我们便拥有有意识地选择进入哪种情绪和生理闭环的力量。"

啊！选择的主题又出现了！

这种观点并不是为了否定个体体验到的困难情感，而是试图赋予其力量。它完美地与存在主义的立场相呼应，即情绪贯穿一个人的本质，我们可以通过自己将其进行转变。

这就是为什么情绪总是事出有因的。个体总是因某事而感受到情绪。原因传达了每个人独特且内在的价值。这些主观上感知到的价值帮助个体更好地理解自己的存在——而这正是我们要去关心的。价值是我们选择某事物而不是其他事物的根本原因，当某事物触动我们并产生积极的情绪时，我们就称之为有价值的。相反，当它产生消极的情绪或与我们不契合时，则被形容为没有价值的。通过情绪体验价值的互动，我们直接参与了自己的情绪，从而参与了自我的建构。

比如，如果你认为美是有价值的，你可能热爱画作或音乐；如果你认为生命和正义是有价值的（大多数人都会这样认为），看到电视上关于战争的报道可能会引起消极的感受（愤怒与悲伤），因为战争行为违背了你的价值观。

最重要的是，价值在我们如何做出决定并行使自由和责任中扮演着重要的角色。关于情绪的存在主义任务就是在个人经历中发现与自身相关的价值，以此激励个人生活。或者，简单来说，强烈的情感标志着某个事物对我们来说是重要的，我们要在生活中赋予它们更大的存在感。

问问你自己：最近什么让你感到快乐？什么让你感到兴奋？上一次感到绝望或者不堪重负是什么时候？很可能，这些问题的答案会向你展示什么是你最珍视的。

为了成为真正的自我，我们必须去感受。无论是约会、拼搏事业还是养育后代，我们都在寻找生活的体验。许多人极度渴望感受生活，同时又对其感到恐惧，于是将自己局限在舒适区内。有些人选择继续迷失，情感上变得麻木，因为他们太害怕面对自我中的某些部分或某些人。还有一些人则渐渐将情感麻木变成了一种不自觉的习惯，他们将行程安排得满满当当，一回家就喝上一杯（或者一瓶）酒，或者依赖社交媒体来让头脑放空。

大多数人都在情感上开启自动驾驶模式，意识到这一点很困难。许多人没有被教育或鼓励去观察、认可或者表达情绪，所以不出意外地，那个我们眼中的自己看上去会变得越发陌生，又或者我们会变得很难去享受生活。

通过情绪与自我建立联系

每个人的身体都有自己的时刻表，因此我们需要调节激素、倒时差或适应新气候。我们会注意到一些生理上的变化，然后围绕这些感受编织新的故事。也许你正在月经期，胃胀气加上昨晚看的悲伤电影让你开始思考自己将如何孤独终老。突然间，孤独和哀怨裹挟了你（哦，我也曾有过这种经历）。我们的叙事非常有力量，但它们并不总是现实的反映。这就是为什么具备观察力，以及将事实与投射、解释和假设区分开的能力如此重要。这不仅会帮助我们改善与他人的关系，还会——跟着我一起说——让我们更好地与自我相处！

观察情绪是理解它们的第一步。先不要评估任何情绪（比如给它们贴上"好""坏""积极"或"消极"的标签），而是将它们视为我们内心世界的信使、活生生的经验，以及从周遭世界中重新获得的本质。不要去想："我这么感觉是对的吗？"而是开始思考：

- 我关于情绪的哪些信念阻碍了我去拥抱情绪？
- 这种情绪试图告诉我什么？
- 这种感觉试图让我以什么样的方式与他人交往？
- 由于这种感受，我发生了什么改变？
- 我在坚持什么样的叙事？为什么？
- 我在同时体验不同的情绪吗？

情绪给予我们关于体验和自我的洞见。完整地体验情绪并不意味着成为情绪的囚徒，而是从中获得启发。当然，重要的一点是我们不需要一次性体验所有的情绪。那是不切实际的期待。体验情绪并不等同于被情绪消耗，而是去觉察它们。一切的重点在于通过情绪与自我建立联系。

1. 如何才能感受情绪却不被其消耗

观察情绪有时会让人感到不堪重负。那么，如何才能感受情绪而不被其消耗？在此分享一个我会教给来访者的技巧：当你感到一种非常强烈的情绪时，试着去辨认一到两种同时存在的其他情绪，越多越好。虽然在感到不堪重负时还要去感受更多情绪似乎违背常理，但辨认多种情绪实际上可以稀释消耗性情绪的破坏

194

力。它同时也反映了一个更真实的感受：你可能会感到不堪重负，但同时也可能会感到伤心、失望和生气；你可能感到困惑、被孤立，或者仅仅是饿了（这经常发生在我身上）。如果能够更具体地辨别自己的需求是什么，我们就更容易满足这些需求。

这个练习可以帮助我们发现自己在体验相互矛盾的情绪。当我们感受到一种强烈的情绪时，许多人往往不允许自己去体会其他看似相反的情绪。我们很难同时把握两者。比如，一个常见的组合是悲伤与解脱。因为无法理解这两种情绪是能够交织出现的，我们通常会无视解脱感，因此过度沉浸在悲伤中。我们也可能同时感到快乐和害怕，然而为了自我保护，我们常常会选择专注于那个让我们感到更不舒服并且构成更大威胁的情绪。人类是复杂的，我们能够同时拥有一系列相互矛盾的情感，每一种情感都诉说着某种不同的需求，体现着某种独特的价值。在学会拥抱所有的情感之前，我们对自我的理解只能是片面的。

2. 怎样去承认情绪并不是事实

记住：情绪反映的是我们的主观感受，而不一定是事实。仅仅因为你感到被拒绝，并不意味着对方真的在拒绝你；仅仅因为你感到不安，并不意味着你没有能力去做某些事情；仅仅因为你感到悲伤，并不意味着实际失去了什么。这并不是要否认你的感受，而是要为这些感受设定界限。它们代表了你的现实、你的触发点、你的伤痛、你的激素或疲惫的状态，以及更多。这并不是说我们需要忽视情绪，而是说情绪是有限的，不总是能代表事情

195

的全貌，至少不一定是准确的全貌。更确切地说，情绪表现了我们如何体验人生的图景。

3. 如何更好地回应情绪

我们通常只有在情绪压倒自己时才会意识到它们的存在。为了避免直接处理情绪，我们发明了许多看似聪明的方法来绕开或忽视这些感受，直到我们不得不面对它们。然而，除非我们观察情绪的模式，否则很难真正改变它们。我发现，作为人类，我们倾向于做以下两件事：

第一，将一种情绪转变为更能接受的情绪。举个例子：我们可能会将愤怒转化为焦虑。如果我们在一个不允许发脾气的家庭长大，或者我们的伴侣在感到烦躁时会表现得咄咄逼人，我们可能会认为焦虑是一种更安全、更被接受的情绪。有时，这是一种自我保护。而在其他时候，我们对自我意识的缺乏会给周围的人带来困惑。我们希望他们"知道"我们为什么不安，而不是直接告诉他们。

第二，对烦躁情绪的转移。假设你的老板刚刚对你大喊大叫。你明白回吼老板不是一个好选择，因为这样你可能会被解雇。于是你压抑了自己的感受，回家后对男朋友大喊大叫。这显然是不公平的。你将你的烦躁从一个人或一件事上转移到了另一个人身上，而这样对待那个人是不公平的。

举例来说，最近我对朋友在旅行时吃光了我所有的麦片这件事感到很烦躁。当我告诉他这是多么过分的行为（好吧，我对此并不自豪），并且强调那一盒麦片本应足够我们在旅行中吃一个星期时，他看着我说："你今天是不是过得有点不顺？我感觉你现在这样不仅仅是为了这盒麦片。"当然，他说得没错。我因为和同事的一些不快感到烦躁，由于不知道该怎么处理这股怒火，我把气撒在了朋友身上。

我们也会将情绪从一件事转移到另一件事上。比如，你的大部分愤怒可能并不来自约会对象没有在递给你遥控器时说"请"，而是因为他在接受异地工作时没有考虑过你的意见。但如果你在对方没有说"请"时反应激烈，而不是对他接受异地工作这件事做出反馈，对方可能就会真的认为你是因为他不礼貌而感到生气。当我们觉得自己对某事没有权利生气时（也许你们并没有约会太久），可能会通过这种方式，将不悦放进一个感觉更"合理"的语境中。

一个能够提高觉察并防止自己被情绪压倒的方法是经常与自己对话。每天花些时间问自己：我现在感觉怎么样？有哪些情绪在场？它们在告诉我什么？其中有相互矛盾的情绪吗？我的身体在传递哪些感受？

在进行任何受情绪驱动的谈话之前，先与自己对话。问自己：我是否带着一些并不属于这场谈话的情绪进入了谈话？诚实并坦率地引导我们的自我觉察。我们越快承认并处理好那一点点烦躁，就越不会对一些不重要的事情有巨大的情绪反应。这时也要允许你的大脑参与进来，因为如果不给理性一些空间，你就会再次陷入一个单向度、非本真的自我。

4. 承认情绪

时刻被情绪充满或无限地沉浸在情绪中是不现实的。我们需要有意识地去觉察它们。再次强调，情绪没有好坏之分，情绪只是情绪。如果我们在自己的叙事中认为某些情绪不应该被感受或表达，可能就无法足够诚实地去真正观察它们。后果是，我们会否认、无视并压抑这些情绪。许多人被教导不仅要无视诸如愤怒、悲伤或烦躁等"负面"情绪，还要抑制激动、喜悦或惊叹等"正面"情绪。许多人在成长过程中因为哭泣、大喊大叫或笑得太大声而受到训斥或惩罚，却因为自我与感受隔离开来而受到奖励。

我不想假惺惺地说个体是不需要外部认同的。正如前文所述，外部认同非常重要。然而，承认自己的感受同样重要，对那些我们独有的经历来说尤其如此。如果我们身上还有来自过去的、未被他人目睹的伤痛，我们就无法将外部的肯定作为自身经历的验证。感到被看见是很好的，但有时生活要求我们即使在别人看不见我们时，我们也能看见自己。

需要注意，肯定自己的经历与感受并不代表着肯定我们的行为。肯定自己的感受听上去可能是：

- "我现在感到很难过。"
- "我感到有些不知所措。"
- "虽然没有证据表明是这样，但我感到被拒绝了。"
- "这真的刺激到我了。"

它听上去并不是：

- "我做了这件事，这并没有什么。"
- "人们应该接受我做的这些。"
- "有些人比我做得更过分。"

那么，如果你无法认同自己的行为，但是又想承认自己的感受，怎么办？你仍然可以肯定你的情感，即使它是造成痛苦的根源。你可以说："我不认同我的行为，但我选择看见自己的伤痛。"认可并不是盖上同意的印章，而是一种对你过去或现在经历的东西的认知。举个例子，一个人可以承认自己感到孤独并被忽视了，但这个人不能宽恕自己不忠的行为。

表达情绪的艺术

从孩童时期开始，我总是很难表达自己的情绪。虽然我是个极端敏感的人，但我憎恨哭泣，这导致了更多层面的情感困扰，因为我对自己的情绪爆发变得更加烦躁和愤怒（这真是个恶性循环）。然而，忍住的泪水堵塞了通往自我的通道。无论是在电影还是现实生活中，让我情绪崩溃的事情都是告别。一切始于九岁那年，我因为科索沃战争的爆发而必须离开父亲，从塞尔维亚迁往加拿大。当时我的父母已经离婚，我是与母亲和兄弟姐妹一起进行这场大迁徙的。原计划是之后我会与父亲团聚，但我不知道什么时候才能再见到他。我仍能记得在机场与他告别时的情景，当众淹没于悲伤和未知让我感到极其羞耻，仿佛自己的一切情感都暴露出来了。

我开始能够允许自己在告别时哭泣，是许多年后的事情了。那时我十九岁，正在与初恋告别——并非分手，而是要面对长达数年的远距离恋爱。情感的闸门最终打开的那一刻，我感到很崩溃，我被自己的悲伤和茫然无措吞没了。我回到寝室，爬上那张不舒服的床，把头蒙在被子里，然后问自己："如果我的眼泪能说话，它们在说什么？"

它们在说我害怕被抛弃；它们在说我深深地迷失了，我现有的所有经历都无法解释这种感觉；它们在说我很孤独。这样想着，我没有对自己生气，而是理解了自己和自己的反应。对一个你真正能够看见并理解的人发脾气或刻薄，是一件很困难的事。

从存在主义的角度来看，眼泪表明生命正在我们的身体里涌动；我们仍旧在这儿，我们仍然活着！这应当是珍贵的时刻，一个内部世界的身体性和生物性的具身化。这就是为什么我会试着帮助来访者去面对自己的情绪，使他们由此与自我相遇。通常，数不清的评判和批评阻碍了他们的疗愈过程，而缺乏共情和理解则会导致自我厌弃。

我接待过一位名叫小玉的来访者，她十分抗拒自己的情绪。她自己也能意识到这一点，还会将自己的生活形容为"自动驾驶"。她很少带着意识或真正的参与感去做事。她很诚实地承认她将情绪视作一种威胁，并解释说这是因为情绪从来没能为她"带来什么好处"。她曾经有过几段虐待关系，在过去，情绪不仅导致她留在这些关系中，还成为她遭受暴力的催化剂。她开始将被虐待与自我表达混为一谈。

小玉也拒绝表达感受，并将这种拒绝作为一种保持自我形象的方法。她认为自己是"强大的"，并且认为承认她的情感像是在扮演受害者，而她拒绝成为受害者。在我们拆解她理念的过程中，小玉最终开始改变她与情绪的关系。不久之后，她在一次咨询中哭了出来，我们两个人都很震惊。泪水停止后，她承认这是自己第一次在其他人面前哭泣。小玉当时二十九岁。

再次声明，情绪永远不是问题，情绪只是情绪本身罢了。问题在于我们如何回应自己的情绪。在进行一段困难的对话时哭泣不是问题。然而，因为你生气了就去砸坏某人的车，这就是个问题。不是所有的表达都是有问题的或不该被接受的。有些情感表达可以导向更深刻的理解，而有些则是有害的。这些区分非常重要。无论我们决定如何表达情感，我们必须为其负责。并不是所有的情感表达在任何时候都是恰当的。比如，因为和母亲吵了一架而在工作时在来访者面前哭泣，这就不合适。这并不是说我的情绪是不恰当的，而是我表达的时机、语境以及表达方式是不恰当的。

有些人非常懒惰。他们希望人们不用被告知就能"知道"他们的感受。这永远行不通。为了被看见，你需要表达自己，否则他人就必须去翻译或者将他们的内心世界投射在你身上。然而，并不是所有人都有资格了解我们的情绪。有时你可能会感到不安或者脆弱，而被迫的情感展示可能和压抑一样造成伤害。

总而言之，允许情绪成为所有决定的前提经常会导致不真实的行动，而无视这些情绪又必然会导致非本真的行为。我们需要做情绪的主人，去决定表达情绪的方法，而不是避免感受这些情绪。

那么，请询问自己：当下的你有着怎样的情绪？你需要做什么去真正地感受并见证生命？你如何真正地表达自我，真挚并且有意义地存在于这个世界上？

答案是：转身"朝向"。

朝向

去年十一月，我坐在阿姆斯特丹的一家小咖啡馆里，一边喝茶，一边写作。在咖啡馆的一角，我看到一个女人朝一个坐着喝咖啡的男人走去。一见她来，他立刻起身拥抱她。两个人在那一瞬间都开始哭泣。我本能地移开了视线，好给他们一些隐私。二十分钟后，我看到那个女人坐下了，却仍然在哭泣，男人握着她的手，眼神中充满了悲伤。突然，她抬头看我，四目相对。她并没有尴尬地移开视线或擦拭眼泪，而是接受了我的目光并点了点头。我们共同见证了那一刻生活的苦痛。这太美丽了。无须言语，她的眼泪在与我交谈。我感觉我看见了她，也理解了她。不知为何，我也感到自己被看见了。

看到她能在公共场合这样坦然地表达自己的感情，我非常感动。我很佩服她的勇气。突然之间，不知道为什么，我的想法像开关一样转变了。我开始问自己：她到底是经历了多么糟糕的事情，才能这么"理所当然"地在公共场合哭这么长时间？她不觉得尴尬吗？立刻，我开始感到尴尬。作为一个鼓励别人接受并表达情感的心理咨询师，我怎么会这么想？开始的赞赏和关切很快变成了评判。为什么会这样？如果我能对自己以及对作为读者的你实话实说，那么与她的脆弱相遇，甚至只是作为一个旁观者，深深地触动了我。出于某种原因，我感到被情感淹没。但那一刻的我没有去尊重自己的感受，没有去珍惜这个原始的、真实的人与人之间的联结，也没有对自己的悲伤在试图表明什么感到好奇。我只是用评判代替了理解与联结，切断了与她的联系。因为不愿意直面自我，所以我拒绝去面对她。

在某个时刻，我曾向咖啡馆里这位美丽的陌生人敞开了心扉，但由于自己的原因，我又在这个真挚的时刻中退缩了。对她或者自己，我都成了一个陌生人。

朝向意味着给予真诚的关注，为共鸣创造基础。这是一种允许自己内心被打动、去感受的开放的态度，它是我在存在主义分析中学到的一个改变人生的概念。曾经，我并未意识到自己一直在拒绝接触任何能引发我情感的事物，也不愿对它们保持开放。直到遇到这个概念，我才意识到自己并没有真正地存在于这个世界上，而是麻木和冷漠的，总是在旁观，并与自己的生活保持着"安全"的距离。

朝向意味着以亲近一个想法、一段记忆、一个人、一件艺术作品，或是以任何一种属于我们自己的方式去开始一段关系。这种动态关系的不同之处在于它需要在一定程度上放下自己，允许他者直接地影响我们，在我们的内心"做功"。朝向这一行动让生命变得具体可感，允许我们保持专注、存在于当下，体验身体的联结与完整性。它让我们感受到活力与真诚，在每一个时刻完整地、有觉察地活着。

一种朝向生命的方式是训练自己与内心对话。可以试着询问自己以下的一些问题：

- 为了更能够感受到生命的活力，我能做什么？
- 我能做什么才能与生命产生更紧密的联系？
- 有哪些信念对我来说是有价值的？
- 我允许自己被遇见的事物感动吗？
- 我害怕放下自己吗？为什么？
- 这些"相遇"对我有什么样的影响？
- 当我允许自己去体验"不一样的"人、地方和事物时，我的生命会是什么样的？

朝向任何人或事物都需要行动。在那个阿姆斯特丹的深秋，为了看见她，我的身体转向了那位流泪的女人。我感到深刻的联结，感到活着，意识到自己在那一刻是被意义充盈的。

但是，我又回避了。我将身体转向另一边，把视线藏在了电脑屏幕后面。

想象你朝向一个人。你的身体必须转向并与那人的身体相对。为了做到这点，我们必须看到对方。这有点直白，对吧？朝向某人或某物意味着我们关注着他（它），创造一个空间或途径来引导我们的注意力。关注使人与人之间的距离变成了桥梁，给予两个人通往彼此的路径。我们将注意力放在那个人身上，同时也尝试保持开放，去经历现实中的一切。注意力不光集中在我们自身和他人身上，同时也在理解与他人产生联结时自己的情绪上。这是创造联结的方式。活在当下既允许我们抵达关系的深处，也允许那些见证朝向的人或事物能够一瞥我们的真正自我。

就像朗格尔在讲座中所述："进入一段关系意味着允许他人做自己。尊重对方的存在，允许那个人的存在与我的存在交会。给对方在我们生命中存在的空间和余地。"

朝向是一种给予与被给予肯定的方式，其本身就是一种积极的确认。这种行动中包含着意愿和意向性，它就像在说："我已经准备好将自己投入行动中去与你相遇。你对我很重要！"这是一种自我超越的形式，也是更深刻的自我体现。在朝向某人的过程中，我们能够有效地确认这段关系是否有价值，以及自己是否愿意在其中花时间。

简单来说，这是一个评估我们内在资源的过程，评估自己给予时间和关注的能力。当我们需要面对一些痛苦的事物，比如悲伤时，我们需要评估自己是否能够应对这些内在或外在的失落。

长久以来，我都没有面对自己，因为我害怕直视自己的阴暗面和感受到的虚无。我想在没有真正投入的情况下生活，想游泳却又不想沾水；我不想通过自我反思来获得自我觉察。我希望别人认为我是真实的，尽管我仍在挣扎，并且并没有真正地想要面对真实的自己。作为一种情感联结，朝向要求一种脆弱性和表达自己情感的意愿，但它也要求他人愿意接受并与我所表达的一切相遇。

　　与朝向相对的是回避。我相信你一定能猜到它的样子。回避发生在我们去做那些对我们没有价值、不喜欢或不符合真实自我的事情时（无论这些决定或行为是大是小）。这是在忽视自我，将价值放在自我之外的事物和人上。

　　回避是一种自我放弃的行为，甚至可以说是一定程度上的自我伤害。最为不幸的事实是，痛苦是自己造成的。当我们背过身去时，就不再能够感受自我，因此在某种意义上，我们成了自己的陌生人。当别人抛弃、无视、欺骗或背叛我们时，我们会感到痛苦，而这种痛苦如果是自己强加在自己身上的，我们甚至会难过十倍。

　　当我们在做没有价值或不被内心认同的事情时，会更容易感到筋疲力尽（因为付出了更多的能量却没有得到任何回报）、心情沉重、渺小、毫无价值、痛苦、自我受限甚至毫无生机。你曾参加过一个本不想去的活动吗？你曾陷入过一段想要摆脱的关系吗？你曾进行过一场不情愿的对话，或者做过一份每到下午五点就感到心如死灰的工作吗？你既不会感受到愤怒，也不会感受到悲伤或喜悦，只是疲惫和冷漠。

这就是曾经的我。在自我迷失中，我感到心如死灰。那时的我在关系和生活中有很多不满，但我无法向自己承认这些。我明白我对自己的不满和愤怒，所以极力回避，不再感受任何这些情绪，而是选择忽视它们的存在。一切感觉就像在看一个搞笑视频，你知道它很搞笑，但你没有办法真的笑出来。

我能够理性地梳理自己的状况（"当然，我知道自己不快乐"），而不是去感受（"……但我手头的事太多了，我没有时间'浪费'在这件事上"）。这使得改变之路变得漫长而艰难，因为缺少了感受的想法更容易被忘记或忽视。然而，如果我们允许自己感受情绪，就更容易记住并且解决问题。这就是为什么跌入"人生的最低谷"（无论这对你意味着什么）常常会伴随着真正的变化。人们到达一个点，跟纯粹理性不同，身体性和存在性的威胁不再能够被抑制或忽视。对我来说，直到我开始经历严重的、生理性的惊恐发作，改变才开始发生。

虽然感受自己的情绪是一件痛苦的事（天哪，真的太痛苦了），但这一切都是有意义的，而且回过头来看，也是无价的。它允许我以一种其他方式都不能达到的强度与自我接触。这就是为什么情绪如此关键，在现实生活中，它是唯一能够通往真实自我的途径。

让我们停止与自己情绪的抗争，或者试图去控制它们吧！相信我，越是负隅顽抗，它们的反击就会越凶狠。而我们都知道，真相总有一天会浮出水面。我们的情绪并不是像塞壬引诱水手到他们的坟墓那样在诱惑着我们。它们没有恶意。它们是你能够成为自己的唯一途径。无论你是否允许，情绪都会像潮汐般起落。试着不要去反抗、逆流而上而最终被浪潮卷走，允许它们的力量和流动引导你，将你带向真实的自我。

>> 严峻现实

越是反抗情绪，它们就越会控制你。

>> 温柔提醒

如果想了解自己，直面你的内心吧。

第四部分　成为我人生的主角

我心里非常清楚，不能被生活牵着鼻子走。

否则，我可能会在四十岁时发现自己其实并没有真正地活过。

我学到的是什么？

可能是现在就全身心地去生活，这样在五十岁时，

我不会带着遗憾回头看自己四十岁时的生活。

——欧文·亚隆

Chapter 10　允许自己如我所是

当时我正坐在桌边准备见下一个来访者。一阵急促的敲门声响起，提醒我现在已经三点整了。"请进。"我说。

早在克莱尔进门之前，我就已经能听到她低沉的说话声。她一边接电话，一边用手肘推开门。她用肩膀把手机夹在耳边，手里还拎了几个购物袋。与我对视的时候，克莱尔匆匆忙忙地朝我笑了笑，显得有些心不在焉，然后走向她最喜欢的座位。当她坐在扶手椅上时，我听到她说："好，嗯，好，等我这边结束之后立刻给你打电话。"然后她挂了电话。

几乎连一口气都没喘，克莱尔就开始告诉我这一周发生了什么，内容包括争吵、琐事和许多烦心事。一连串的话语填满了我们之间的空间，她分享了每一个（我是说每一个）在我们上次见面后发生的细节：从她如何突然看到一张前任的老照片引起了万般思绪，到她的手机屏幕如何在去超市买鸡蛋的路上摔碎了。

一般情况下，我都很乐意聆听细节，这让我能够更全面地了解某人的生活。然而，今天下午不一样，我觉得自己无法专注，一直在走神。(没错！心理咨询师也是人！)

过去，这样的时刻会让我感到愧疚，但一位导师曾告诉我，如果在一次咨询中感到无法专心，这意味着你并没有真正看见来访者。要么你没有看见真正发生的事情，要么来访者正在通过讲故事来隐藏自己。因此，当我意识到自己无法专心时，我明白这是某些情况造成的，而我的工作是讨论它。

我振作起来，直面问题。

"……天哪，他不回消息可太烦人了！啊！你猜我的老板这周刚开始的时候说了什么……还有，我的朋友这周末完全放了我的鸽子，太糟糕了……"

我试着去专注，但发现自己再次被细节的海洋淹没。克莱尔从一个抱怨跳到另一个抱怨，根本没有花时间让她所说的事情沉淀下来。她说了很多、很多话，却没有真正去亲身经历这些事情。在她的讲述中，我感受不到情感、觉察或者意义。

她真的在与自己的生活发生联系吗？

当我试图尽力跟上她的讲述时，她突然说了一些出乎意料的话："我甚至不知道我想要什么，或者我是谁。"

我立刻坐直了身体，集中了注意力。"今天就从这里开始吧。"我说，甚至感觉自己可能有点太积极了。

虽然克莱尔一直在表达自己多么渴望更了解自我，但她总把行程安排得满满当当，以避免任何形式的独处，因为独处会迫使她坐下来真正审视自己的现实，而她不喜欢这样做。她仍然觉得面对自己是一件无法承受的事。她会看见谁呢？万一她看见的自己不是她喜欢或尊重的人怎么办？

过去，我曾建议她多花些时间独处。每次听到这样的建议，她脸上的表情都显得痛苦而扭曲。她完全无法忍受只是静静地与发生的事情相处。而我决定向她展示这其实是一件多么简单的事。我想让她知道，只要带着一点点的觉察和宁静，她也许就能更好地了解自己，真正地投入生活。有时候只需要一个简单的物件，她就可以解锁新的意识，并建立更亲近的自我。在获得她的允许后，我们决定暂停听她讲述两天前清洗烤箱的细节，进行一个引导性的练习。

我请她在椅子上坐好，她在座位上扭动了一下，将两只脚平放在地上，然后深深地陷进扶手椅里。我们同时开始深呼吸，然后我请她闭上眼睛。我重复了一些能让人平静下来、带着积极信息的句子，比如"我很平静""我的心情正在安定下来""此刻坐在这里，我感到舒适并且平和"。我看到她的肌肉放松下来，眼睛微微颤动，几乎陷入了一种安静的轻睡眠状态。

我问："你能感受到自己坐在什么上吗？"

我并不需要大声问，只是希望她去思考这些问题。我继续问："那是一种什么样的感受？"

几秒钟之后，我问了一个让她重新睁开眼睛的问题。

"椅子想告诉你些什么？"

她看着我，试图弄清楚我到底是不是在开玩笑。我点头示意，她重新闭上双眼，调整了自己在椅子上的位置。

"这把椅子对你意味着什么？"

我观察到她在听到这个问题时脸上抽动了一下，然后突然变得很严肃。

"椅子在这儿，而你坐在上面意味着什么？你们之间发生了什么？它为你做了什么？"

我观察到她的呼吸开始加快，她在认真思考这些问题。

我继续说："你能接受椅子告诉你的信息吗？……你喜欢它说的吗？你能接受它吗？"

突然，我看到一滴眼泪从克莱尔的脸上滑落。

我温柔地问："你想对这把椅子说些什么？"

情感的闸门被打开了。她开始啜泣，仍然紧闭着双眼。

过了一分钟，我将她的注意力从内心世界中引导出来："你仍然能感受到这把椅子吗？"

她点头。

我继续用温柔的语气问："这把椅子是怎么回应你说的话的？"

我让她在这个问题上多停留一些时间。

她擦掉了脸颊上的泪水。

"你能将自己交给这把椅子吗？带着轻松和安稳……你能感受到这种信任吗？"

她又开始啜泣，双手抱膝，脚跟抵在椅子的边缘上。

我给她一些时间，然后问了最后几个问题："你能信任这把椅子吗？你愿意毫无保留地将所有的重量都交给它吗？"

我鼓励她继续与椅子相处一会儿，直到她感觉好一些。

然后我什么都没有说。我们就这样在沉默中坐着。

克莱尔一直哭泣，直到她慢慢地将双脚重新放在地面上，呼吸才变得更深了。她不再流泪了。

我告诉她，当她觉得时机合适时，可以睁开眼睛伸展一下。

当她睁开眼睛时，看上去非常疲倦，但显然受到了震撼。

"你感觉怎么样？"我问。

"太多感受了。"她回答道，并且慢慢开始讲述。她的语气平静、匀速且充满了思考，她承认这是第一次允许自己去感受身体，去真正地注意它。如果她完全诚实，她从未将自己的全部重量完全放在任何一把椅子上，因为她不相信它能承受她的"大骨架"，就像她不相信生命中的任何人会支持她一样。她认为自己必须一个人承受生活的重担。当她愿意倾听椅子的声音时，她感到"震撼"。她承认自己不习惯倾听别人，而习惯快速做出假设和投射，用自己的想法填补空白。最终，她说，有机会与椅子相处，与她并不信任的生活基础对话，既让她感到恐惧，又感觉充满了力量。今天之前，她从未觉得自己可以"与生活对话"。

太让人震惊了，一把椅子竟然能够让人在这么短的时间里学到这么多关于自我、关于世界的知识。一切是这么简单，却又如此轻易地改变了生活。

———

这次咨询并非仅仅依赖一把椅子。克莱尔特别的体验背后是一种现象学的态度，让她从外在视角转化为内在视角。这是一种基本的功课，即成为自己。

我知道在一本书结束时引入一个新的概念似乎有些强度过大，但我们已经一路相互陪伴着走到了这里。（谢谢你！）况且，我向你担保它真的很重要。让我来解释这到底意味着什么。"现象学"这个词源自希腊语中的"phaínomai"，意思是"呈现"。现象学的任务是通过本质直观和亲身体验（"朝向"便是方法之一）来获得洞见，这是一种基于所见而非所知的态度（比如，不带有先入为主的定见）。这种开放的状态严肃地对待每一件事物，它是个体存在于世的践行。

在《知觉现象学》中，梅洛－庞蒂写道："没有任何事物可以从外部定义我。并非其不作用于我，而是，相反地，自我从一开始就在我之外，并向世界敞开。"

这种对存在的态度关乎如何把握每一个生命中转瞬即逝、不会再现的瞬间，关乎我们如何加深对自我的理解并持续地成为自己。

因为归根究底，"成为（自己）"是一个动词。

朗格尔谈到现象学时，强调了对世界更深刻的理解。通过允许世界渗透进来，使自我被触动，并对世界展示给我们的每种事物保持开放的心态（一种正念式的开放态度）。我们只有"卸下防备"地去注视，没有任何防御机制，也没有利用某物或某人的动机时才能做到这一点。为了加深理解，必须向内探索，意识到这种体验可能造成的影响，然后再回到外在去看到更多。我们还必须把握他人对我们的印象，以及他人如何向我们展现自己。通过直观去把握他人的本质。我们永远不会做出一个肯定的断言："这就是你！"这是因为我们以理解自我的方式去理解别人，即："当下我是这样看待你的。这是此时此刻与你在一起的你对我的表现。这就是这次相遇对我的意义。"

观察者同时也被观察着。牢记这一点可以帮助我们区分自我在哪里结束，而他人从哪里开始。最重要的是，它可以帮助我们理解自我与他人是如何紧密相连的。

每一件与你相遇的事物——一把椅子、一幅画、一杯水、一次落日、一场谈话、一个地铁上的陌生人，甚至是一夜未眠后在镜子里看到的自己，都是理解世界、理解你自己的途径。我们的任务是始终愿意被这些相遇所感动、触动，无论相遇的对象是人、事物还是思想，并试着理解每一次相遇想告诉我们些什么。

这就是关键。如果你对成为或作为自己感到困惑或不知所措，没关系。深呼吸，并且记住：自我就在你的指尖。你周遭的一切就是你。

在那次咨询中，当克莱尔与她自己产生联结时，我也与她产生了联结。当我们加深了对"他人"的理解时，对自我的理解也同时加深了（她面对了自己的恐惧，而我则为没有真正与她深入互动负起了责任）。生活于世上需要勇气，在每个时刻都积极地投入其中。每个人都需要难以想象的勇气去成为自己。

我在想，如果一个社会中的每一个人都决定展现真实的自我，而不是隐藏和退缩，会是什么样子？如果能体验自我，而不是背负着灌输给我们的观念和期待行走，会是什么样子？如果让别人看见真实的自己，并邀请他们去看见自己，会是什么样子？如果我们怀着诚意去看待彼此，会是什么样子？如果我们意识到既可以了解世间万物，也可以通过它们了解自己，又会是什么样子？

———

　　从自我迷失中恢复过来，成为真实的自己，会让人感觉非常踏实，扎根于一种深远而无限的美丽和谐中。这是一种对的感觉，一种回到家的感觉。就像在大雪纷飞的寒冬坐在炉火前，或是在炎热的夏季跳入清凉的泳池。

　　还记得本书一开始的艾里克丝吗？那个过着不属于自己生活的女孩？现在，她不再感觉到自我迷失，每一天都充满觉察。她醒来后会花一点时间简单地与自己对话，跟她的头脑、身体和心灵连线。现在，清晨是她最喜欢的时刻，她会放上一个当天想听的播客，煮咖啡，准备开始新的一天。她挑选自己想穿的衣服——最近她在风格上变得大胆了不少——然后做自己想吃的早餐。她找了一份令人满意或至少尊重她努力的工作。她全神贯注地写邮件或打工作电话。她意识到如果能够真正地投入，就更容易享受工作。尽管她仍会遇到意见不合、失望和疑惑的时刻，但她现在已经能够觉察、辨别并解决这些问题。

　　下班后，她回到家会看读书俱乐部的书，这个月萨莉·鲁尼的《普通人》她一直想读却总觉得没有时间。周四她会去上编织课，这是她一直想学的。最近她开始和某人约会，有几天她没收到对方的消息，但她不再盯着手机等待，而是决定给对方打电话。到了睡觉时间，她将枕头抵在脸上，深深吸入它的香气。吹灭蜡烛，她带着满足感睡着了，知道那一天她是为自己，也是作为自己度过的。

朋友，真正以自己的面貌生活会让每一天都有意义，所以观察、感受并尝试生活吧。品尝它！如果你愿意，周围的一切都能给你信息。保持觉察、在场，毫不犹豫地怀着激情去体验这个世界，不要让恐惧限制你的决定。允许你的生活充满教训和胜利、悲伤和甜蜜的时刻，不要停止问自己："今天我又对自己有什么新发现？"

当你早上醒来，不要立即去查看消息、社交媒体或邮件。将你的脸朝向太阳，感受床单柔软地盖住皮肤的感觉。看着光线照进房间。如果下雨了，观察雨滴是如何从窗玻璃上滑落的。但不要赖在床上！如果你感到疲惫，就去感受你的筋疲力尽。在为一天做准备时，与他人或自己进行一场有意义的对话。记录你的情绪：你今天害怕什么？什么让你心烦意乱？什么能让你平静下来？什么让你感到精力无限和充满激情？

只要你愿意放下长期以来的回避，真正去倾听，周围的一切都会告诉你些什么。你害怕面对你的生活吗？害怕让它影响你吗？你是否对感受和想法，以及身边的事物和人保持开放？

听着，我知道这样做有多么令人脆弱和害怕。但是，让你的自我向生命敞开吧！相信你自己，去感受内心的意愿，去明确你想拥有什么样的体验，以及同样重要的，什么样的体验是你不想要的。相信自己能做出对自己有益的决定。没有其他人能够完全理解作为你而生活意味着什么。这是一种只有你自己才能拥有的独特体验。

所以，如果你想要知道自己是谁，如果你不想再迷失下去，请睁开你的双眼。为你的自由负起责任，做出决定。过程中的不适与努力都是值得的。没有什么比你的自我意识更有价值，更不可复制。

————

你愿意和我一起做最后一个视觉化练习吗？

想象你独自一人，穿着最舒适的衣物，坐在房间正中一张老旧的皮质扶手椅上。你的身体与椅子完美契合，你深吸了一口气，陷入这种舒适感。你身旁有一张干净整洁的咖啡桌，上面摆放着一些书，有些书脊已经开裂，折叠的书页标记着你最喜欢的章节。你手里拿着一杯温热的咖啡（或茶，选你喜欢的），轻轻啜了一口，感受到丰富的口感在你的舌尖舞动。一个绿色的老式台灯在你身边发出柔和的光，照亮了你的周围，旁边壁炉里的火焰发出让人平静的噼啪声。一缕清风从微开的窗口吹进，抚过你的脸颊。你感到放松却非常清醒，平静但充满了精力和兴奋。

忽然，你意识到一小点从木柴上掉落的火星落在了你的地毯上。你立即意识到，如果不马上起身熄灭这个火星，你的整个存在都面临着危险。你建立起来的家和生活都会被烧得一干二净。

此刻，没有什么比这更重要。

你站起身来，熄灭了它。

第二天，当你经过这个地方时，你发现地毯上有一个几乎看不见的痕迹，提醒着你曾经几乎失去了一切。但你并没有，因为你觉察到了，并立即采取了行动。

允许你的自我存在吧——在此时，在此地。

成为。

存在。

致谢

　　每到致谢的时刻，总是感觉有些词穷。写作一直是我一生的梦想，是最真挚的自我表达，也是一段有幸能与许多美好之人一起经历的旅程。

　　伊斯拉，我们在我陷入自我迷失深渊时相识，然而你一直爱着我，即使在我看不清自己的时候，也一直陪伴在我左右。是你为我找回自我提供了支持。没有你，我不知道这本书会不会存在。

　　迪亚，你总是先我一步看到我身上的潜力。在你身边我总能够轻松地做自己，谢谢你。

　　劳伦·霍尔！哦，劳伦，没有你，这本书几乎不会存在！你立即理解了我的愿景，不懈地努力维护它。感谢你像我一样爱这本书。

　　史蒂夫·特罗哈、扬·鲍默以及整个 Folio 团队，我不知道自己做了什么才能配得上这样一个优秀的团队！是你们慷慨的心和敏锐的直觉陪伴我走到了今天。期待未来的合作！

安妮·查格诺！安妮，我们做到了！你将灵魂倾注于这本书，确保我的声音始终真实清晰。很感激你能担任我的编辑，与我一起踏上这段疯狂的旅程。

　　惠特尼·弗里克、黛比·阿罗夫、科琳娜·迪兹、米歇尔·贾斯敏、玛丽亚·布雷克尔、阿维迪·巴希拉德以及戴尔出版社团队的其他所有人，非常荣幸能成为你们的作者之一。谢谢你们相信我，努力将这本书带给世界。

　　朗格尔教授，感谢您的鼓励、教导和信任。认识您是一种荣幸。

　　致我的家人和朋友：因为你们，我才在这里。是你们的支持让我能够大胆地说出对我重要的事情。

　　这本书是为你们创作的。感谢你们让我实现了成为作家的梦想。

推荐阅读

[法]西蒙娜·德·波伏娃：《一个乖女孩的回忆录》

[法]阿尔贝·加缪：《西西弗神话》《局外人》

[美]琼·狄迪恩：《奇想之年》

[俄]陀思妥耶夫斯基：《地下室手记》

[美]拉尔夫·埃利森：《隐身人》

[奥]维克多·弗兰克尔：《活出生命的意义》

[德]马丁·海德格尔：《存在与时间》

[德]赫尔曼·黑塞：《德米安》《悉达多》

[奥]弗朗茨·卡夫卡：《变形记》

[丹]索伦·克尔凯郭尔：《或此或彼》《致死的疾病：为了使人受教益和得醒悟而做的基督教心理学解说》

[德]阿尔弗雷德·朗格尔：《存在分析与意义疗法》《存在分析》《过自己的生活：行动中的存在主义分析》

[法]莫里斯·梅洛－庞蒂：《知觉现象学》

[德]弗里德里希·尼采：《权力意志》

[法]让－保罗·萨特：《存在与虚无》《恶心》《禁闭》

[美]沃尔特·惠特曼：《我歌唱带电的肉体》

找回我自己

作者 _ [加]萨拉·库布里克　　译者 _ 吴晓初

特约编辑 _ 房静　　装帧设计 _ 张一一　　主管 _ 阴牧云

技术编辑 _ 顾逸飞　　责任印制 _ 刘淼　　出品人 _ 王誉

果麦
www.goldmye.com

以 微 小 的 力 量 推 动 文 明

图书在版编目（CIP）数据

找回我自己 / （加）萨拉·库布里克著 ；吴晓初译 .
昆明 ：云南人民出版社，2025. 9. -- ISBN 978-7-222
-24123-7

Ⅰ. B84-49

中国国家版本馆 CIP 数据核字第 2025EH8735 号

版权合同登记号：图字：23-2025-073 号

责任编辑：王冰洁
责任校对：刘　娟
责任印制：李寒东

找回我自己
ZHAOHUI WOZIJI

[加] 萨拉·库布里克　著　　吴晓初　译

出　版	云南人民出版社
发　行	果麦文化传媒股份有限公司
社　址	昆明市环城西路 609 号
邮　编	650034
网　址	www.ynpph.com.cn
E-mail	ynrms@sina.com
开　本	880mm×1230mm　1/32
印　张	7.5
字　数	155 千字
版　次	2025 年 9 月第 1 版　2025 年 9 月第 1 次印刷
印　刷	河北鹏润印刷有限公司
书　号	ISBN 978-7-222-24123-7
定　价	55.00 元